JN095951

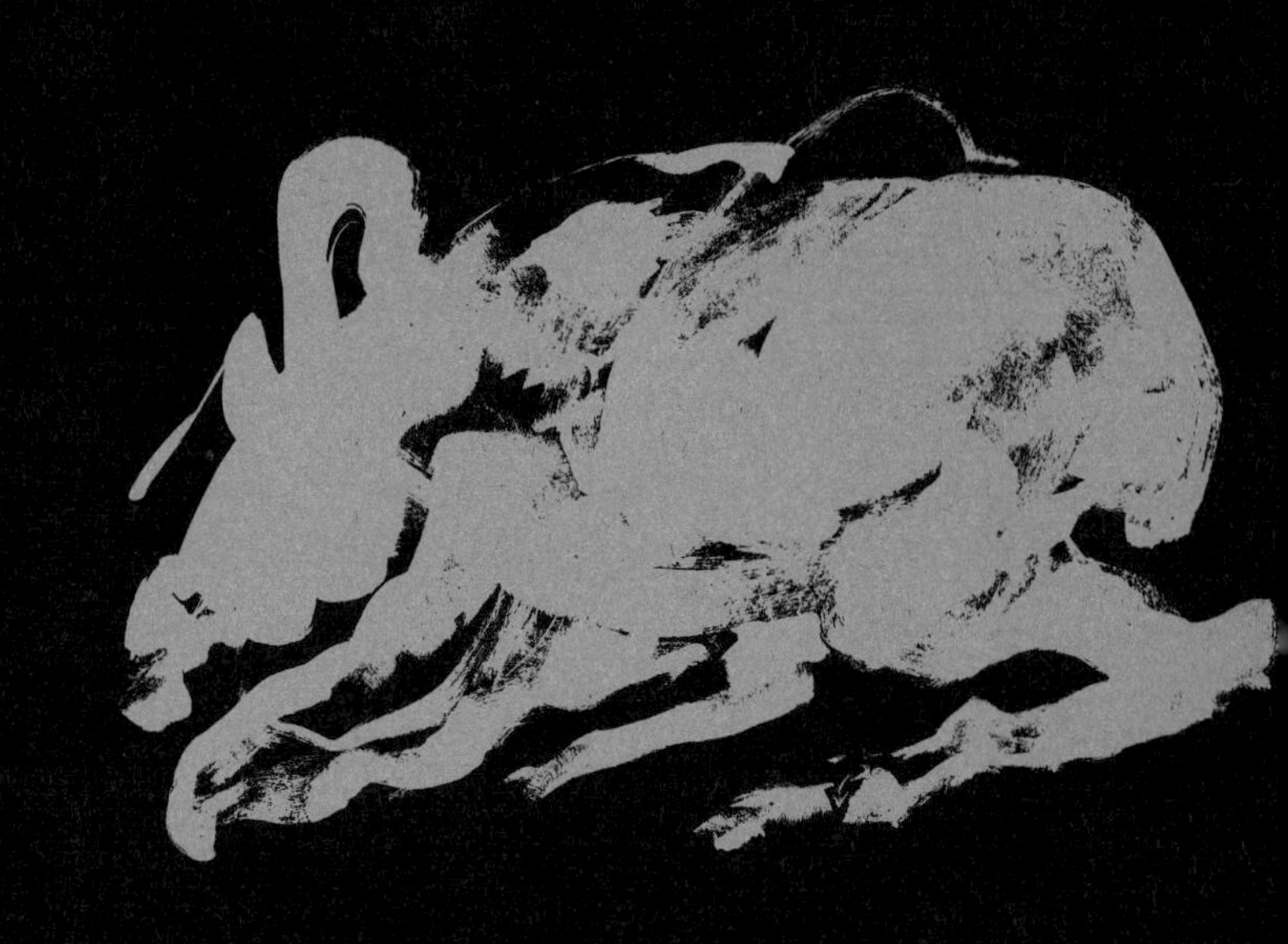

十牛図に学ぶ

真の自己を尋ねて

臨済宗円覚寺派管長
横田南嶺
Yokota Nanrei

致知出版社

はじめに

私どもが禅の修行を始めるに当たって読むべきものとして『禅宗四部録』という書物があります。

それは『信心銘』『証道歌』『坐禅儀』に『十牛図』の四冊で成り立っています。自分たちがこれから取り組む修行が、どのような階梯を経て、どういうところを目指してゆくのかを、『十牛図』によってあらかじめ確かめておいてから、実地の修行に取り組むのであります。

『十牛図』では、真の自己を牛に喩えています。真の自己を尋ねる旅を、牛を探してゆく道として表しています。十枚の絵とそれに対する漢文の説明と漢詩によって成り立っています。

古来、このような絵や書物が、何種類も伝わっていたようです。その中でも、『禅宗四部録』に採録されている廓庵和尚の書かれた『十牛図』は、牛を探して見つけてつかまえるところで終わるのではないのです。

牛即ち真の自己を探し求めるのですが、探し得てそれで終わりではありません。まだその後の段階が続きます。

その牛もいなくなり、自分もいなくなり、何もなくなって、そこから更に現実の世界が現れて、最後は街に出て大いに人のために働いてゆくのです。

悟りを得て終わりではないのです。その悟りさえも捨て去って、現実の世の真っただ中に出ていって、人の為に尽くしてゆくのです。

円覚寺の釈宗演老師は、「世には遠く俗塵を避けて山に入りひとり自らを高うするものがあるが、それ等は禅の本旨を得たものとは云はれない。禅は何処までも血あり涙あって俗世間を救ふといふ大慈悲心のあるものでなければならぬ。（『筌蹄録』）」と仰せになっています。

作家の五木寛之先生と対談させていただいた折にも、『十牛図』の最後が、入鄽垂手であること、即ち街に出て人々に救いの手を垂れてゆくことが大切だと強調しておられました。

『十牛図』は、私も今までに何度も講義をしてきました。そのたび毎に理解が深まっているように感じます。

本書は、平成三十年十一月から、平成三十一年三月まで五回にわたって、致知出版社主催のセミナーで講義したものであります。

なお、『十牛図』の原文については、筑摩書房刊『禅の語録16　信心銘・証道歌・十牛図・坐禅儀』（梶谷宗忍・柳田聖山・辻村公一・著）を参考にさせていただきました。

今の混迷の時代を生きてゆくよすがとして、少しでもお役に立てばと念じています。

横田　南嶺

令和二年七月

十牛図に学ぶ——目次

第一講　十牛図とは何か

十牛図　序文を読む

第二講　本来の心はどこにあるのか

第三講　自分本来の心を取り戻す

第四講　一円相の世界に到る

第五講　無功用行の世界に生きる

返本還源序九……無の世界から有の世界へ還る
入鄽垂手序十……町に出て人々のために働く

装　画——秦　奏
装　幀——秦　浩司
本文デザイン——スタジオ・ファム
編集協力——柏木孝之

第一講

十牛図とは何か

十牛図　序文を読む

●フランスで日本文化として認められた坐禅

これから五回に分けて十牛図についてお話を進めていきます。最近の出来事を少ししてから本題に入りたいと思いますが、先月（二〇一八年）、フランスに行かせていただきました。何をしに行ったかというと坐禅会と講演会をしてきたのです。お寺の行事ではなくして、「ジャポニスム２０１８」という日本国とフランス国の間の行事でお招きをいただきました。これは今年の七月から来年の二月まで延々と開かれておりまして、能や歌舞伎やお茶、それから現代劇が披露されます。また古い伊藤若冲（じゃくちゅう）の絵や京都の建仁寺にある俵（たわら）屋宗達（やそうたつ）の『風神雷神図屏風（ふうじんらいじんずびょうぶ）』などが海を渡っています。

日仏友好百六十年を記念してフランスで日本の文化を紹介するという大行事の中に、禅文化週間というものをつくっていただきました。日本ではあまり報道されませんのでご存じない方がほとんどだと思いますが、そういう公の行事に禅が取り上げられたことに私は感動いたしました。

というのも、宗教というのは大変に扱いが難しいものだからです。こういう公の行事においては、宗教活動はまずさせてもらえません。

私は茨城県にある筑波大学を出させてもらったのですが、今から三、四十年前に私のお世話になった小池心叟（しんそう）老師が筑波大学で坐禅の実習をやっていました。しかしその当時は、禅とか坐禅とかいう言葉を国立大学で使うことができませんでした。そのため心叟老師は、坐禅の講座を心身鍛錬調和法といった題にしてやらざるをえなかったのです。

今回のジャポニスムの期間の企画におきましても、筆で漢字を書く書道はいいけれど、写経は宗教行為になるからダメだということでした。でも、坐禅はいいというのです。つまり、日仏両国で、禅というものが単なる宗教というのではなくて日本を代表する文化として認めてもらえたわけです。これは嬉しいことでした。

おかげさまで、私ども臨済宗のお坊さんが十人ばかり、飛行機でパリまで行かせていただきました。

●街を歩いて気がついた日本とフランスとの違い

フランスでは坐禅会を合計七回行い、その後にフランスのパリの大きな劇場で記念講演会を行いました。七回の坐禅会は有料であったにもかかわらず、すべて予約の段階で満席になりました。五百人の講演会も、そんなに人が集まるのかなと思いつつ行ったのですが、これもおかげさまで満席でした。

そのときの講演で、私は自分が長年やってきて何も準備をせずに話のできることが一番伝わるであろうと思い、禅の修行の話だけをしました。私は、頭を空っぽにする自己の否定、自我の否定ということから話を始めました。しかし、これはヨーロッパの人には理解するのが難しいのではないかと思いました。何せフランスといえば「我思う、ゆえに我あり」のデカルトの国です。自己を否定するということを果たして容認できるだろうかと思ったのです。

向こうに行って日本との大きな違いはどこにあるだろうかと考えて思いましたのが、自然災害の有無です。フランスという国はセーヌ川が流れていて、お城みたいな建物がいっぱい建っています。その街を少しご案内いただいて、私がガイドの人にすぐに尋ねたのは「地震はないのですか?」ということでした。うちの円覚寺も関東大震災で潰れていますから、こんな古い建物は地震があったらすぐに崩れるだろうと思ったのです。

ところが、ガイドさんは「地震はありません」と言いました。それならばと「川は氾濫しませんか?」と聞くと「氾濫しません」。「台風は来ないのですか?」と聞くと「台風は来ません。幸いにフランスで自然災害に遭うことはほとんどないんです」と教えてくれました。なるほど、だから自分たちの思い描く通りの街をつくれるんだなぁと納得しました。

日本は違います。絶えず地震は来るし、台風は来るし、川があれば氾濫したり洪水が起こったりします。そのたびごとに私たちは「自然は人間の思うようにはいかない。人間の力なんか自然には全く及ばない」ということを知らされています。ですから、この国に住んでいると「おかげさま」とか「みんなで力を合わせながら」とか「一人では生きていけない」といったことが否応なしに身に付くのだろうと思うのです。

あちらの国はめったなことでは自然災害がないので、こんな街にしよう、こんな建物を作ろうと思うと、その通りのものができます。それゆえに、哲学とか科学の根本に「我思う、ゆえに我あり」という人間を中心に置いた考えが生まれるのでしょう。

●ヨーロッパの人たちに「無」を説き、ともに坐禅をする

そういう国の人たちに「我が悩みや苦しみを引き起こし、国と国とでいえば大きな争いを引き起こす根本になるのだ」と説き、「そのために禅では我を否定する、我を消す、我を無にする修行をするんです」と話して、五百人の前で「ムーッ」と息を吐きながら、「私どもがやっている無になる坐禅とは、無とは何かと哲学的に考えるのではなく、ただひたすら、一呼吸一呼吸、無になっていく、空っぽになっていく、そういう修行をしてい

くのです」とお話ししたのです。

空っぽになる、無になるというと、何か寂しいような、虚しいような気がするかもしれません。しかし、実は決してそうではなくて、今まで気がつかなかったような広い世界、豊かな世界に気がつくことができる。大自然と共に生かされている世界に気がつくことができるのです。

頭が空っぽになると、鳥が鳴いている声を聞くと思わずこちらから声をかけたくなります。足元に咲いている一輪の花に親しい思いがして、声をかけたくなる。自分と別物ではなくして、みんな一緒に生きているんだということを実感として感じるようになります。自分の命は自分一人が生きているのではない。皆つながりあって同じ命を生きているんだと気がつくと、豊かな気持ちになって、そこから思いやりの心が自然と湧いてくるのです。そんな話をしました。

そのとき「涼しさや、裸に落とし物は無し」という句も紹介をしました。これが無になることの豊かさなのだと。通訳が難しかったのではないかと思います。通訳をしてくれた青年もフランス人です。日本の禅の修行道場にやって来て、十年、坐禅をしたという青年です。禅の言葉も相当理解してくれていますから、どうにか通訳もできたのだろうと思いました。

そんな話を一時間少々いたしまして、最後に会場の五百人で十分間の坐禅をしました。最初にその企画を聞いたとき、私は「十分は無理でしょう」と言ったのです。日本でも、一分間の黙祷（もくとう）といっても実際は短めにしています。長い沈黙に耐えるということがだんだんと難しくなってきているように思います。

我々日本人でもそうなのに、このときはフランスですし、会場も劇場のような広いホールで、お寺のような落ち着いた場所ではありません。しかも講演が終わった直後です。我々も、映画を観終わって最後に音楽が流れ出すと席を立ってしまいます。講演会でも、話が終わって司会者の終わりの挨拶が始まると帰ってしまうことがあります。

そんなことを考えると、話が終わった後に十分も坐禅をして果たしてもつだろうか、途中で帰ってしまう人が出るのではないか、それならやらないほうがよいのではないかと言ったのですが、結局「まあ、やってみよう」ということになりました。

「背もたれを使わないようにして腰を立ててください、そして一呼吸一呼吸を、講演で話したように頭の中を空っぽにするんだという気持ちで息を吐いていってください」

と最初に私が説明をして、十分の坐禅を始めました。するとみんな熱心に、それこそしわぶき一つしませんでした。素晴らしい時間だなぁと感じました。

十分間の坐禅が終わった後、あるフランス人が本当に感動したという表情で、「一時間の講演よりも、あの十分間の沈黙が素晴らしかった」と言いました。私はその言葉を複雑な思いで聞いたのですが、それが禅の世界です。それはわかってもらえた、通じたんだということがわかって、私は感動しました。一時間の話もよかったけれど、と言ってもらったほうが私のダメージは少なかったのでありますが、たくさんの話よりも十分の沈黙の素晴らしさをフランスの人も感じてくれたということが大きな感動だったのです。

●禅の持つ大きな可能性を改めて感じたフランス紀行

我々が争うのは、眼で物を見たり、耳で言葉を聞いたり、あるいは舌で物を味わうところから始まります。すると、どうしても日本とフランスでは考え方の違いがありますから、言葉による争いは絶えないことになります。でも、それらを全部なくして無にしてみると何も争いは起きません。フランス人と日本人との違いも、沈黙の十分間には全くないのです。

フランスの方もそれを感じてくださって大変反響がよかったものですから、行ってよかったなと嬉しくなりました。十分間の沈黙の尊さを知ってもらうために、一時間の講演があったんだと私は思っています。一時間の講演なくしては、やはり沈黙の意味まではなかなかご理解はいただけなかったと思っているのです。

最近はいろんな問題を起こす宗教団体も多いものですから、宗教は危険なものだ、おかしなものだ、と思う方も多いでありましょう。でも、禅というのはそのような危険な、何かに洗脳されて周りが見えなくなってしまうようなものではありません。今回のフランス紀行では、禅という言葉が単なる宗教として捉えられるのではなく、そのような宗教とは違うあり方であると理解していただけたと思います。

禅には争いをなくす可能性があると捉えていただいたからこそ、こういう公の行事にも取り上げていただいたのでしょう。また、堂々と坐禅をさせてもらえたのだろうと思います。これは私どもにとって大きな喜びでございました。

そういうことで、禅を学び、禅を実践していくことは、これからの世の中において大きな可能性を持っているのではないかという思いを新たにして、フランスから帰ってきたのでありました。

●十牛図　序文を読む

そういうことで、禅の本をたどるという意味で、これから十牛図というものを学んでまいります。第一回目の今日は、まず十牛図についている序文を読んでみようと思います。序文ですから、今日はまだ残念ながら牛は出てきません。しかし、この序文もなかなか味わいがあるものですから、皆さんと一緒に読んでいきたいと思います。

十牛図　　住鼎州梁山廓庵和尚

序

夫れ諸仏の真源は、衆生の本有なり。迷いに因るや三界に沈淪し、悟りに因るや頓に四生を出ず。諸仏として成ずべき有り、衆生として作るべき有る所以なり。是の故に先賢悲憫して、広く多途を設く。理は偏円を出し、教は頓漸を興し、麤より細に及び、浅より深に至る。末後に青蓮を目瞬し、頭陀の微笑を引き得たり。正法眼蔵、此れより天上人間、此方他界に流通す。其の理を得るや、超宗越格、鳥道の蹤跡無きが如し。其の事を得るや、句に滞り言に迷い、霊亀の尾を曳くが若し。間清居禅師有り、衆生の根器を観て、病に応じて方を施し、牧牛を作いて以て図を為し、機に随って教えを設く。初め漸白より、力量の未だ充たざることを顕し、次いで純真に至って、根機の漸く熟するところを表す。乃ち人牛不見に至って、故らに心法双び亡ずることを標す。其の理や、已に根源を尽くし、其の法や、尚お莎笠を存す。遂に浅根をして疑悞せしむ。中下は紛紜として、或いは之を空亡に落つるかと疑い、或いは喚んで常見に堕すと作す。今、則公禅師を観るに、前賢の模範に擬え、自己の胸襟を出し、十頌の佳篇、光を交えて相映ず。初め失処より、終わり還源に至るまで、善く群機に応ずること、飢渇を救うが如し。

慈遠是を以て妙義を探尋し、玄微を採拾す。水母の以て飡を尋ぬるに、海蝦に依って目と為すが如し。初め尋牛より、終わり入鄽に至って、強いて波瀾を起し、横まに頭角を生ず。尚お心として覓むべき無し。何ぞ牛として尋ぬべき有らんや。入鄽に至るに泊んでは、是れ何の魔魅ぞ。況んや是れ祖禰了ぜざれば、殃い児孫に及ばん。荒唐を揆らず、試みに提唱を為す。

漢文というのは素読をするところに意味があります。漢文の持つ響きを聞くだけでも、背筋がぴんと伸びて、疚しいことができないようなものがあると思います。とはいえ、素読だけでは講座になりませんので、今度は内容を探って味わってまいりたいと思います。

十牛図は、鼎州梁山にいた廓庵師遠和尚という方が書かれたものです。鼎州梁山というのは今の中国の湖南省のあたりです。この廓庵和尚は、中国の宋代の五祖法演和尚のお弟子のお弟子にあたる方でございます。

その方が十牛図の頌というものを作りました。つまり、十牛図の十枚の絵に漢詩をつけたのです。頌は一般には「しょう」と読むと思いますが、禅宗の場合は「じゅ」と読んでいます。韻を踏んだ漢詩のことを禅宗では頌と呼んでいます。

この十牛図には、今読んだような序文がついています。この序文は慈遠という廓庵和尚と別の人が書きました。これも大変に深い内容があるので、十牛図を学ぶときにはぜひ一緒に学んでもらいたいと思います。

●仏を尋ねていけば本心に辿り着くと考えるのが仏教の基本概念

それでは少しずつ内容を見ていくことにしましょう。

「夫れ諸仏の真源は、衆生の本有なり。」

この最初の一句だけでも十牛図の大事なことを十分に伝えていると思います。よく味わって、なるほど、その通りであるなぁと納得がいけば、もう十分なくらいです。それほど重要な一句です。

意味を考えてみましょう。最初の「夫れ」というのは大局的に切り出すときの口上で、深い意味はありません。「いったい~というものは」といった意味あいです。「仏」は、我々仏教の世界においては理想とする姿です。西洋のキリスト教の神様とは違いまして、仏教の場合は人間が仏になります。「お釈迦様は人間として生まれ、人間として修行をして、人間として完成をした。だから人間らしい人間として生きる教えが仏教である」と松原泰道（たいどう）先生などは説いておられましたが、人間としての理想の姿が仏なのです。しかし、我々はついつい、仏は自分たちとかけ離れたもののように思ってしまいます。

その仏様の「真源」、つまり根本はどこにあるのか。それは「衆生の本有なり」。「本有」とは本来持って生まれた私たちの心ですから、仏様はどこから出てきたのかというと、私たちが本来持って生まれている心から出てくるのだと言っているのです。これが仏教の一番大事なところであろうと思います。

仏とはどこにあるのかと尋ねるのに、外に向かって尋ねるのではなく、我が心の内に向かって尋ねる。このへんがキリスト教の神とは決定的に違うところです。あちらでは神と人は決して交わることはありません。一つになることはないのでしょう。しかし仏教では、仏の源は我々の本心であるということになる。仏を尋ねていけば、我々の本心に辿り着くのです。私が禅や仏教のお話をするときの基本概念はこれに尽きます。

我々が普段の生活において悩んだり苦しんだり、争いを起こしたりするのは、迷いの心があるからです。かといって、この迷いの心を払いのければ悟りがくるというわけではありません。迷いを払いのけようとするのではなくて、迷っていく心の本源を尋ねていく。自分の本心を尋ねていけば、自分の本心は仏の心であったと気がつくでしょう、と。心の平安を得るためには、ここに気がつくことが大事なのです。

しかし、それに気がつき、悟ったとしても「自分は悟ったんだ」と天狗(てんぐ)になって終わってはしかたありません。仏心に気がつけば、慈悲の心が湧いてきて、慈悲の働きができるようになります。そうなるために修行をするのです。今日の私の修行の概念は、この流れに沿っています。

十牛図の概念もこれと同じです。牛を尋ねていくというのは、自分の本心を尋ねていくことなのです。自分の本来の心は何であるのかと尋ねていけば、それは尊い仏の心だったと気がつく。それを悟り、それに目覚めることによって、慈悲の心を知り、慈悲の働きができるようにしていく。これが廓庵和尚の十牛図の全体像です。

●仏教が教えるのは「自分の内にある宝に気づく」ということ

さらに読み進めてまいりましょう。

「迷いに因るや三界に沈淪し、悟りに因るや頓に四生を出ず。」

仏教というのはブッダの教えです。ブッダという言葉は、気づくという言葉に由来しています。ですから、仏教というのは気づきの教えなのです。しかし、気づいたからといって迷っているものが何か別物になるわけではありません。そこにあるのは、気づくか気づかないかの違いだけです。迷うということは仏の心に気がついていない、自分の生まれ持った本心を見失っている状態です。だから、迷いの世界に沈んでしまうのです。

逆に、本心に気がつく、目覚めると「頓に四生を出ず」。「頓」は「いっぺんに」という意味です。気がつくことは一瞬なのです。一瞬のうちに「四生」から逃れることができる。この「四生」とは卵生、胎生、湿生、化生のことを指します。これは迷いの世界で苦しんでいる存在を四つの生まれ方にたとえた仏教の言葉です。詳しい説明は省きますが、要は自分の本心に気がついたならば、この迷いの世界から一瞬のうちに逃れることができると言っています。

「諸仏として成ずべき有り、衆生として作るべき有る所以なり。」

同じ心を持っていながら、本心に目覚めたら仏になり、本心を見失えば迷いの衆生となる。それだけの違いなんだということです。これが仏教の素晴らしさ、気づきの教えです。ただ気づくか気づかないかだけなのだ、と。

宝を持っていても、宝に気づかなければ意味はありません。自分の内にある宝に気づかず、外に宝があると探し回っているのが迷いの状態です。内にある宝に目覚めると、外の宝を求める必要はないのです。これは、ある日突然、宝くじに当たって金持ちになるというような話ではありません。ただ自分の内にある本来の宝に気がつく、目覚めるというだけのことです。

●その人その人に応じた教えが用意されている

「是の故に先賢悲憫して、広く多途を設く。」

先賢というのは古の賢人で、ここではブッダを指します。お釈迦様は我々迷っている人々のことを悲しみ憐れんでくださって、多くの道を教えてくれた。その人その人に応じて取り付きやすい教えをたくさん用意してくれたと言っています。

「理は偏円を出し、」

ブッダの教えというのは偏った教えもあれば、すべてを網羅(もうら)している教えもある。たとえば、空の思想であれば空だけしか説かない。逆に、円というのは円満で、完全な全体を教えるものです。このように、その人その人に応じたふさわしい教え方があるわけです。たとえば、有の世界、無の世界、つまり自分の外にある宝物ばかりに目を奪われているような人には、まず空の世界、無の世界だけを説くこともあるでしょう。しかし、お釈迦様の教えは空や無にとどまるわけではありません。円満な慈悲(じひ)の心に満たされた完全な教えを説くこともあります。偏と円のどちらもあるのです。

「教は頓漸(とんぜん)を興(おこ)し、」

教えの理想は、先に申したように気づいたならば一瞬のうちに変わることです。禅の大事にしているところは、この「頓」です。よくたとえて言うのは、漆黒(しっこく)の闇の中にいても、ロウソクの火をつけたら一瞬のうちに暗闇は消える。これと同じように、気がついたならば闇が晴れて一瞬にして目の前が明るくなる。これが我々禅の説く立場です。

気づけばいっぺんにガラッと変わるのです。隅っこのあたりから少しずつ明かりが来て、だんだん部屋が明るくなるというのではありません。気づきというものは、真っ暗の部屋に電気をつけるようなもので、明かりをつけたならば一瞬のうちに部屋全体が明るくなるようなものなのです。

でも、中には徐々に学んでいきたいという人もいるでしょう。段階をつけて一つひとつ、「今日はこれ、今日はまたこれ」と順番を追って進んでいくような人には、その人に応じた導き方もあります。ですから、お釈迦様はいろんな人たちに応じて、「よし、これ一本で行け」と言う場合もあれば、全体を教える場合もある。一遍に悟る行き方もあれば、徐々に気がついていく行き方も用意しているのです。

「麤(そ)より細に及び、浅より深に至る。」

そうやって個々に応じながらも、「麤(そ)」、おおまかな教えから、「細」、だんだんと細かいところに必ず至っていく。浅いところから深いところへと教え導いていく。このようにして悟りへと導いていくのです。

●大事なのは型にとらわれず根本の真理を体得すること

「末後に青蓮を目瞬し、頭陀の微笑を引き得たり。」

ここにある「青蓮」という言葉はお寺の名前にも使われますが、お釈迦様の眼のことをたとえています。お釈迦様は蓮のような涼やかな眼をしていたと、たとえられることがあるのです。

なぜ蓮にたとえたかというと、これにはいろんな説があります。一つには、蓮の花びらが瞳のような形をしているから、という説があります。蓮というのは真夏に咲きますけれども、いかにも涼しげに咲いております。特に青い蓮華は澄み切って素晴らしいと言われます。それはめったにないものだから尊いのでしょう。そんなところから、お釈迦様のいかにも涼やかな眼のことを青蓮華にたとえたのでしょう。

さて、この一句の意味ですが、「最後にお釈迦様は瞬きをし、頭陀が微笑んだ」と言っています。頭陀というのは、お釈迦様の教えを受け継いだ迦葉尊者のことです。

この場面は、お釈迦様と迦葉尊者の次のような話がもとになっています。あるとき、お釈迦様が一輪の花をふっと持たれた。それを見て迦葉尊者がにっこりと微笑みました。その様子を見たお釈迦様は、自分の教えはすべて迦葉に伝わったと仰いました。

花を見て微笑むことによって無言にして伝わる。これが禅の起源であると言われています。

頭陀というのはサンスクリット語でドゥータといって、「振り払う」という意味があります。たとえば、衣装にゴミがついたときにパッと振り払う。その振り払う仕草のことをドゥータと言います。そこから転じて、欲望を振り払う、余計なものを振り払う、雑念や妄想を振り払う修行のことを頭陀行と言いました。

その頭陀行を一番徹底しておられたのが、お釈迦様の多くの弟子の中でも迦葉尊者という方だったのです。


「正法眼蔵、此れより天上人間（じんかん）、此方（しほう）他界に流通（るづう）す。」


ここにある「人間」は「じんかん」と読みますが、地獄・餓鬼・畜生・修羅・人間・天上の六道の世界を言っていますから、人間界という意味で「にんげん」と呼んでも悪くはありません。

「正法眼蔵」は、お釈迦様の正しい教えを指します。それがインドから始まってスリランカ、東南アジア、やがて中国、日本へと広がっていきました。そして今やアメリカやヨーロッパにまで、禅、仏教が広がっています。このように、「お釈迦様の教えは天上界にも人間界にも、この世界にもあちらの世界にも広く広まっている」のです。

「其の理を得るや、超宗越格、鳥道の蹤跡無きが如し。」

「理」というのは一番大事な根本の真理です。その真理を得たならば「宗を超え、格を超える」、つまり、「決まった型にはまらない」ということです。それはあたかも空を飛ぶ鳥に道がないようなものである、と。鳥は道がなくとも道を忘れないという飛び方をしています。そのように、決まり切った型にとらわれないあり方を「鳥道の蹤跡無きが如し」というのです。

「其の事を得るや、句に滞り言に迷い、霊亀の尾を曳くが若し。」

この「事」は「理」に対するもので、ここでは良い意味では使われていません。根本の真理を体得したならば、決まった型にとらわれることはない。しかしながら、眼の前に現れた現象だけを見ていれば、「あのときはこう言ったではないか、あのときはこういうふうに説かれたではないか」というような言葉尻に迷ってしまう。

亀は千年にして毛が生えるといいます。霊亀というのは、そのように千年も生きて強い霊力を得た巨大な亀のことです。その霊亀が自分のしっぽで足跡を消したつもりだけれども跡が残ってしまう。これは、ものにとらわれて執着が残っている様子を表したたとえです。

ここでは、根本の真理を体得して型にとらわれないことが大事なのだ、ということが説かれています。

●牛の絵を示して仏教の教えを施す

「間（このごろ）清居禅師有り、衆生の根器を観て、病に応じて方を施し、牧を作（もち）いて以て図を為（な）し、機に随って教えを設く。」

清居皓昇（せいごこうしょう）禅師という方がいらっしゃいました。清居禅師が「衆生」、いろんな人々にふさわしい教えはないかと、病に応じて処方を施しました。仏教の教えの根本は、この「病に応じ薬を施す」という応病、施薬にあります。

仏教では、困っている、悩んでいるというそれぞれの「病」に対して「教え」という薬を施すのです。ですから、無理に勧誘することはしません。駅前で薬屋さんが「うちにいらっしゃい」と勧誘することがないのと同じです。むしろ病院が「病気になったときには来ればいいでしょう」というようなあり方なのです。

仏教、特に禅は、「来る者は拒まず」が根本になっています。薬はその人その人の病に応じたものを処方する。つまり、それぞれの人に応じた教えを与えてあげようというのが仏教の根本にある考え方です。

この清居禅師という方が「牧牛」という牛を飼い馴らす絵を作りました。そして、それによって人々に応じた教えを施していました。


「初め漸白より、力量の未だ充たざることを顕し、次いで純真に至って、根機の漸く熟するところを表す。」


これは清居禅師が教えを施す様子を表しています。十牛図の牛の絵にはいろんなものがあります。古い絵の一つには、真っ黒い牛がだんだんと白い牛に変わっていく様子を表したものがあります。黒い牛から始まって、完成すると白い牛になる。黒いところがなくなり、真っ白になることで人間が完成した、仏になったことを表しています。ここの句はそのことを言っているのです。

「初め漸白」とは、牛がだんだん白くなっていくということ。しかし、ようやく白くなりかけたあたりでは、まだ力が十分に充たされていません。「純真」つまり純白になるにしたがって、だんだんと修行が熟していくことを表しています。
そういう絵を最初の頃、清居禅師という方が作ったのです。

「乃ち人牛不見に至って、故らに心法双び亡ずることを標す。」

最後には真っ白い牛になって終わるのですが、それは人も牛もいない世界です。その世界は、筆で丸を描いた一円相で表されます。心も牛も共になくなった世界、そのような何もなくなった世界で十牛図が終わる絵もありました。

ところが、廓庵和尚の十牛図は何もなくなったところでは終わりませんでした。ここが優れたところだったのです。

●「法」という言葉の根本にある共通概念は「保っているもの」

「其の理や、已に根源を尽くし、其の法や、尚お莎笠を存す。」

その道理の上においては素晴らしい根源を尽くしている。しかし、それはまだ空や無にとらわれた様子が残っている、と言っています。

ここに「法」という言葉が出てきます。法という言葉は仏教や禅の書物にたくさん出てきますが、そのたびごとに意味が違うのです。仏教の古い辞典を見ると二十数種類も意味があります。よく出てくるのは、単に「存在」を表す場合です。「諸法」などがそうです。それから「教え」を表すこともありますし、「真理」を表す場合もあります。あるいは一般世間で言う意味と同様に、「法律規則」を表す場合もあります。

ずいぶん意味が違うように思うかもしれません。しかし、語源を尋ねるとわかりやすくなります。法は「ダルマ」という言葉が基になっています。そして、ダルマは「ドゥリ」というサンスクリット語が基になっています。これは「保つ」という概念を表す言葉です。それがわかると、法という言葉がよく理解できるのです。

仏教が生まれた初期には「物」のことを法と言いました。なぜ物が法になるかというと、そこに「保つ」という概念があるからです。たとえば時計は「時計という姿形を保っているもの」であり、紙は「紙という姿を保っているもの」なのです。そういう意味で、法によって物を表したのです。

それと同様に、「この世の中を生きていくために秩序を保っていくもの」という意味で、法は「正しい教え」という意味になります。あるいは、「この世の中を保っている根本のもの」という意味で「真理」という意味になります。そして、「この現実の社会を現実の社会として保っているもの」として「法律」や「規則」という意味にもなるわけです。

いろいろな意味はありますが、法という言葉の根本概念は「保っているもの」ということなのです。

ここの句に出てくる法は、教えとか真理を表しています。その教えは「尚お莎笠を存す」。この「莎笠」については古代からいろんな解釈がされていますが、ここでは道教的な世界、「空や無にとらわれた様子がまだ残っている」という意味に解釈しておきます。

つまり、十牛図の最初の絵のように、牛も人間もなくなって何もないところで終わったならば、まだそこには現実から離れた老荘的な無の世界にとらわれているような感じが残っている、と言っているのです。

●廓庵和尚の作った十牛図の醍醐味

「遂に浅根をして疑悞せしむ。」

仏教修行の初心者には、何もなくなるために修行するというと、寂しいような、ニヒリズムあるいは虚無主義的な疑いの心を起こさせる。

「中下は紛紜として、或いは之を空亡に落つるかと疑い、也た或いは喚んで常見に堕すと作す。」

少し修行した者でも様々な議論が湧いてきて、そのような教えは空の世界に落ち込んでしまうのではないかと疑いを起こさせてしまう。あるいは空や無にとらわれた固定した概念に落ち込んでしまう。

「今、則公禅師を観るに、前賢の模範に擬え、自己の胸襟を出し、十頌の佳篇、光を交えて相映ず。」

則公禅師とは廓庵和尚のことです。これから学ぶ廓庵和尚の十牛図は何もなくなってしまったところで終わるのではなくて、それを超えたものになっています。

最初は「前賢の模範に擬え」ている。要するに、何もなくなるところまではそれまでにあった十牛図の牛の絵に則っているというわけです。しかし、そこから自分の胸に独自に湧いてきた考えを披歴して、一つひとつがすべて光り輝いているような素晴らしい十篇の詩を作られた。

廓庵和尚は、何もなくなったところで十牛図を終わりにしなかったわけです。

「初め失処より、終わり還源に至るまで、善く群機に応ずること、飢渇を救うが如し。」

初めに牛を見失った。これは自分の本心を見失ったということ、迷いの状態です。そこで本来の自己を尋ねていこう、本心を尋ねていこうとする。それをあえて牛を尋ねていくというたとえにしているのです。

「還源」というのは、十牛図の第九番目に至る心境です。廓庵和尚は終わりのほうに至るまで、いろんな人たちの求めに応じて、その人その人の飢えや渇きを救うように教えを下さった、と言っています。

「慈遠是を以て妙義を探尋し、玄微を採拾す。水母の以て飡を尋ぬるに、海蝦に依って目と為すが如し。」

慈遠というのは、この序文を書いた和尚の名前です。この和尚については私もいろいろ調べてみましたが、つまびらかではありません。わかっているのは、廓庵和尚の十牛図の序文を書いた人というくらいです。ここでは、慈遠という人は奥深い妙義を探り、奥深い道理を拾い上げてきたと言っています。

「水母」とはクラゲです。私はクラゲの研究をしたことがないので本当のところはわかりませんが、クラゲには眼がないからどこに何があるか見えないし、敵が来ても逃げることができない。そこで自分の体からわざとエビが好む甘い汁を出して、エビを自分の体に寄生させる。するとエビは敵が寄ってくると危ないと逃げてくれるというのです。

要するに、エビが自分の眼の代わりになって危険が押し寄せてくると逃げてくれる。あるいは餌となるものがあると、そこに導いてくれるというわけです。

慈遠和尚にとって廓庵和尚の十牛図はクラゲにとってのエビと同じで、自分に正しい教えを示してくださった、と言っているのです。クラゲには眼がないから危険を察知できないというのが正しいかどうかは知りませんが、この時代の人はそういう認識をしていたということです。


「初め尋牛より、終わり入鄽に至って、強いて波瀾を起し、横まに頭角を生ず。」


廓庵和尚の十牛図は、初めに自分の本心を探しに出るところから始まり、最後は入鄽垂手といって町中に入っていくところで終わります。また、「強いて波瀾を起こし、横まに頭角を生ず」とは、わざわざ波を起こして乱暴に勝手気ままな問題を引き起こした、という意味になります。

この入鄽垂手が廓庵和尚の十牛図の醍醐味です。禅と老荘思想の決定的に違うところはここにあります。禅と老荘思想は似ているように言われます。確かに、禅の思想が中国に比較的容易に受け入れられたのは、すでに老荘思想によって無の思想を持っていたために理解しやすかったという理由があります。しかし、この両者が決定的に違うのは、老荘思想が現実の世界を否定して無の世界に価値を置くのに対して、禅は空の世界を体験した後も現実の世界の生き方を否定していないことです。それどころか、最後は町の中に出ていかなければならないのだと言っています。

　現実の世界を否定したところで終わってはいけないというのが禅の教えなのです。その点では、むしろ禅の教えと共通するのは『論語』であると言えるでしょう。禅と老荘思想は最後のところで考え方が分かれてくるのです。

「尚お心として覓むべき無し。何ぞ牛として尋ぬべき有らんや。」

　本心は一つです。何も探しにいくようなものはありはしないのです。なのに、わざわざ牛の絵なんかを描いて「これを探すんだ」などというのは、あえて風なき水面に波を起こすようなものではないか、と。

「入鄽に至るに洎んでは、是れ何の魔魅ぞ。況んや是れ祖禰了ぜざれば、殃い児孫に及ばん。」

　十牛図の最後の入鄽垂手では、町の中に布袋さんが現れてくる絵が描かれていますが、あれは何の化け物を絵に描いているのであろうか、と言っています。

「祖禰」は祖先の御霊家(みたまや)のことです。つまり、「祖先の祭りをおろそかにしたならば、必ず児孫に災いが起こるぞ」と。私たちがきちんと正しい教えを学び、実践しておかなければ、災いは児孫の代になって被る(こうむ)。だから、今、正しい教えに目覚めなければならない、という意味で禅語として使うことがあります。


「荒唐を揆(はか)らず、試みに提唱を為す。」

とりとめのないようなこともはばからずに、ここにこのような文章を載せさせていただいた次第である、ということです。


以上が慈遠禅師の書いた序文です。廓庵和尚の十牛図の優れていることがよく語られています。

次講では、いよいよ廓庵和尚の十牛図を味わっていきたいと思います。十枚の牛の絵を基に、自分の本心とはどのようなものかを皆さんと共に探求していくことにいたしましょう。

第二講

本来の心はどこにあるのか

尋牛序一……牛を探しに旅に出る

見跡序二……牛の足跡を見つける

前回は十牛図の序文を読みながら、十牛図がどういうものなのかということをお話ししてきました。今回からようやく本文へと入っていきます。

十牛図には十枚の絵がありますが、今回はその最初の二つ、「尋牛（じんぎゅう）」と「見跡（けんせき）」を一緒に読んでいきたいと思います。

一、尋牛

尋牛序一

従来失せず、何ぞ追尋を用いん。背覚に由って以って疎と成り、向塵に在って遂に失す。

家山漸く遠く、岐路俄かに差う。得失熾然として、是非鋒起す。

頌に曰く、

茫茫として草を撥って去って追尋す。水濶く山遥かにして路更に深し。

力尽き神疲れて覓むるに処無し。但だ聞く、楓樹に晩蝉の吟ずるを。

●「尋牛」――本当の自分を探すための旅に出る

最初は「尋牛」とありますように、牛を尋ねていくという場面です。牛というのは、前回もお話ししたように「本来の自分」をたとえています。本当の自分、真の自己を尋ねていくのです。

お釈迦様の教えの基本は「己こそ己の寄る辺」、つまり「自分が拠(よ)り所とするべきは自分である」ということで、これが仏教の基本です。阿弥陀(あみだ)様とか浄土信仰といったものは、仏教の歴史の中ではずっと後に現れた教えなのです。自分が拠り所とするべきは自分自身であるということ。正しく調(ととの)えられた本当の自分、真の自己に目覚めて、それを拠り所として生きていく。これがお釈迦様の時代の仏教の教えの基本でした。

その本当の自分を牛にたとえて、その牛を探していく旅を描いたのが十牛図です。その一番目の「尋牛」に添えられた絵には子供が描かれています。ここではまだ絵の中に牛の姿は見えません。本当の自分はどこにあるのかと思い、これから奥深い山の中に入って見失った牛、つまり本当の自分を探しにいこうというのが一番目の絵が表している意味です。

それでは読んでみましょう。

「従来失せず、何ぞ追尋（ついじん）を用（もち）いん。」

この最初の句が非常に大事です。まず「従来失せず」ですから、「もともと失ってはいないのだ」と言っています。何か探し物をするというのは、失くしたものを探しにいくのだろうと普通は思うでしょう。しかし、ここではもともと失ってはいない、本当の自分は初めから備わっていると言っているのです。これによって、自分が自分を尋ねていくという図式が明らかになるわけです。

次の「何ぞ追尋を用いん」は反語です。「どうして追いかけて尋ねる必要があろうか、追いかけて尋ねる必要などありはしない」と。本来の自分はもともと備わっているのだから、わざわざ尋ね探し求めていく必要などはない。本来はそうでしょう。

では、なぜ探す旅に出なければならないのか。それは次の文で明らかになります。

●六根が刺激されて自分を見失うところから迷いが生まれる

「背覚（はいかく）に由って以って疎（そ）と成り、向塵（こうじん）に在って遂に失す。」

「覚に背く」と書かれています。「覚」は「目覚める」ことですから、「背覚」と「目覚めることに背く」。つまり、「目覚めようとしない」という意味になります。自己を見つめて、本来の自己に目覚めようとしない、と言っているのです。

「疎と成る」は「疎遠となってしまう」。本来の自己に目覚めようとしないから、それは遠くはるかなものとなってしまうのです。

この背覚については、首楞厳経（しゅりょうごんきょう）というお経に「衆生迷悶、背覚合塵」とあります。背覚合塵は「覚に背いて塵に合する」と読みます。我々が迷い、悶（もだ）え苦しむのはどうしてかというと、本来の自己に目覚めようとせずに「塵に合する」からだというのです。

この「塵」とは、私たちの六根（六つの感覚器官）、つまり眼、耳、鼻、舌、身、意の対象となるものです。眼でものを見る、耳で音を聞く、鼻で匂いを嗅ぐ、舌で味わう、体に触れる、意識であれこれ思い巡らすというように、我々が外の対象から情報を得るためには、この六つによるしかないというのが仏教の基本的な考え方です。

そして、我々が迷うのは外の対象物に心が惹かれ乱されてしまって、本来の自分を見失ってしまうからです。そのため、眼で見るもの、耳で聞こえるもの、鼻で嗅ぐもの、舌で味わうもの、体で触れるもの、心で思い想像するもの、その対象物を「塵」と言っているのです。それに振り回されてしまうために、本来の自分を見失ってしまう。それが迷いの構造です。

我々の周りには、自分の六つの感覚器官を刺激するもの、人間の欲望を刺激するものがたくさんあります。我々は絶えずそちらを求めていきます。しかし、仮に一つ求めて得られたとしても、人間は残念ながらそれで満足しません。この満足をしないということが、苦しみの根本であろうと思います。そのために文明が発達をしてきたという良い面もあると考えられますが、満足をしないことが苦しみを生んでいるのも確かです。

我々の暮らしは、少し前から比べればずいぶん便利になりました。しかし、便利になっても、それに満足したのはわずかの間で、少し時間が経つとそれが当たり前になってしまいます。そして、また物足らないと思い始めるのです。それを絶えず繰り返して、決して満足をしない。それが人間というものです。

私はよくこんな話をします。円覚寺のある北鎌倉の駅は観光シーズンになると混み合って、かつては切符を買うのも大変でした。観光帰りのお客さんが券売機の前にずらっと並びますから、何時何分の電車に乗ろうと思うならば、あらかじめ切符を買っておくか、切符を買うための時間の余裕を見て寺を出なければなりませんでした。

しかし今はおかげさまでＳｕｉｃａ（スイカ）という便利なものができましたから、そんな心配はしなくてもよくなりました。本来であれば、便利になった分、切符を買うための時間がゆとりになるはずです。ところが、ゆとりができたかというと全然できないのです。Ｓｕｉ caを持ちながら電車に乗り遅れそうになって、慌ててタッチして乗り込んでいます。もうあそこで切符を買うのに並ばなくて済むなぁという喜びや感動はほんの一瞬でした。

これからもあらゆるものがますます便利になって、止めどなく進んでいくのであろうと思います。それが良い意味で社会の発達に繋がっていけばいいのですが、それに振り回されてしまっていては、いつまで経っても心の安らぎは得られません。いくら社会が便利になったとしても、本当の自分や本当の幸せを見失ってしまうとしたならば、これは不幸なことではなかろうかと思います。

「家山漸(ようや)く遠く、岐路(きろ)俄(にわ)かに差(たが)う。」

「家山」というのは自分の故郷です。本来の家、本来の自己といってもいいでしょう。これは自分自身が求める自己ですから、本来ならば遠くにあるはずはないのです。けれども、自分の心が外のものに振り回されてしまって、自分探しだと言って世界旅行をしたりしている。探している自分こそが自分なのだと思うのですが、それに気がつかず、「漸く遠く」、なおいっそう遠く隔たってしまう。

自分を見失ってしまうと、どの道を選んでどちらに進んだらいいのかがわからなくなります。分かれ道が次から次へと出てきて、それこそ道に迷ってしまいます。

「得失熾然として、是非鋒起す。」

得をしただの損をしただのというような損得の思いが燃え盛るようになってしまう。仏教的な立場で言えば、何も得るものもなければ何も失うものもないというのが真理なのですが、現実を見ると、何かを得たいと思って努力をしたり、何かを失ったと思って嘆き哀しんだりといった得失の思いに心が掻き乱されてしまいがちです。

すると、いろんな思いがまるで火が燃えているように次々と心の中に湧いて出てきて、鋒の針の先のように心がとげとげしてしまいます。この「鋒」を「蜂」と書いて、蜂の巣をつついたようにいろんな思いが散り散りに乱れて、自分を見失った状態だと考えてもいいでしょう。

●自分の外をいくら探しても牛は見つからない

そんな心境を廓庵師遠禅師が漢詩で表現されました。それが「頌に曰く」に続く漢詩です。一句ずつ見ていきましょう。

「茫茫として草を撥って去って追尋す。」

果てしなくどこまでも広がっていて、草の根を掻き分けながら探し求めていく。

これは牛のイメージです。牛がどこに迷い込んでいるのかと、草の根を掻き分けながら探し求めていく。でも、牛はそう簡単には見つかりません。


「水濶く山遥かにして路更に深し。」

水というのは川や池を指します。川は広くてなかなかそこを越えられない。山はいくつも遠くまで連なっていて、道はますます深くなっていく。だから、牛が見つからないのです。


「力尽き神疲れて覓むるに処無し。」

もう力も尽き果て、すっかり疲れ果てて、いくら探しても見つからない。

いくら探しても見つからないので、体力も気力もなくなってしまったわけです。


「但だ聞く、楓樹に晩蝉の吟ずるを。」

楓の木々に季節はずれの蝉が鳴いているのを耳にするばかりだ。

これはなかなか牛が見つからないということを詠っています。

本当の自分を自分の外に求めようとしても、それは見つからないものだということを言っているのです。

石鼓夷和尚という方は、この廓庵禅師の詩に和韻(わいん)をして詩を作りました。一句目の終わりの尋(じん)、二句目の終わりの深(しん)、三句目は韻を踏み落として、四句目の終わりの吟(ぎん)と、廓庵禅師の頌にあるものと同じ韻字を使って作った詩です。こちらも読んでみましょう。

和　石鼓夷和尚

只管区々として外に向かって尋ぬ。知らず、脚底、已に泥深きことを。
幾回か芳草、斜陽の裏(うち)、一曲の新豊(しんぽう)、空しく自ら吟ず。

「只管区々として外に向かって尋ぬ。」
只管は「ただひたすらに」、区々というのは「あくせくとして」。ただひたすらにあくせくとして外に向かって牛を尋ねている。

　ここで大切なところは、外に向かうから迷い道になるということです。その外に向かっている眼を自分の内に振り向けることができれば、本来の自己はもともと自分に備わっていたことに気がつくのですが、気がつかないままに探し求めていってしまう。

「知らず、脚底、已に泥深きことを。」

　気づかないうちに足元が深い泥沼の中に入っていた。

　これは本当の自分とは何かと苦しんで、もがいている様子と見ていいでしょう。

「幾回か芳草、斜陽の裏(うち)。」

　どこかの草の根を掻き分けて行ったならば牛のしっぽでも見えるのではないか、足跡でも見つかるのではないかと思いながら、夕暮れのあたりに何度も探し回った。

「一曲の新豊(しんぽう)、空しく自ら吟ず。」

　この「新豊」が何かについては諸説あります。その一つに、収穫を喜ぶ農耕の歌ではないかという説があります。ここではその説をとっておきます。

「空しく自ら吟ず」ですから、これは牛が見つかったという喜びの歌ではなくて、いくら探しても見つからないなぁという失意の歌でしょう。そんな歌を一曲口ずさんでいる、というわけです。

このようにして、本当の自分とは自分の内にあるものであることに気がつかず、外に向かって自分探しの旅に出かけるというのが、十牛図の一番目の「尋牛」です。

これが次の「見跡」へ入っていくと、探していた牛の足跡をついに見つけるのです。さて、どのようにして見つけたのでしょうか。

二、見跡

見跡序二

経に依って義を解し、教を閲して跡を知る。衆器の一金となることを明らめ、万物を体して自己と為す。正邪弁ぜずんば、真偽奚んぞ分たん。未だ斯の門に入らざれば、権に見跡と為す。

頌に曰く、

水辺林下、跡偏えに多し。芳草離披たり、見るや也た麼や。縦い是れ深山の更に深き処なるも、遼天の鼻孔、怎ぞ他を蔵さん。

●「見跡」——良き教えに触れて歩むべき道を知る

十牛図の二番目「見跡」には、牛の足跡を見つけた絵が描かれています。一番目「尋牛」は、本当の自分は何であるのかと自分自身を見失って苦しんでいる様子でした。そこから「見跡」に至ると、たとえば良い書物に巡り合うなどして、この道を行けばいいんだ、こういう教えを学んでいけばいいんだと知ります。良き教えに触れて、自らの進む道に気がつくという段階に進むのです。

それでは順番に読んでいきましょう。

「経に依って義を解し、教を閲して跡を知る。」

この「経」は「お経」のことですが、本来、「縦糸」という意味があります。時代の横糸といえば、様々な変化がそれにあたるでしょう。そういう変化、横糸は様々あるでしょうけれども、縦糸は変わることなく貫いています。つまり、この世の中がどんなに変化していこうと、変わることのない真理というものがあるのです。

そこから、お経とは、どんな世の中にあっても変わることのない真理、真実を指す言葉なのです。

中国の古典や仏の経典や、あるいは聖人と呼ばれた人たちの書物によって、「義を解し」、意義がわかる。まず本を読んで理解することによって、道を学んでいく。昔の人が残してくれた教えをよく読んで、そして個人の歩いていった足跡を見つけると、「ああ、こういうふうに歩いていけば、自分たちも同じ体験をすることができるのだ」ということがわかってくるわけです。

●煩悩の本質を見抜くために修行をする

「衆器(しゅき)の一金たることを明らめ、」

ここは少し説明の必要なところでしょう。「いろんな器が一つの金からできていることを明らかにする」と言っています。たとえば、金で仏像のような穏やかな表情のものを作ることもできますし、恐ろしい鬼の人形も作ることもできます。

どちらも材料は同じ金なのですが、我々はその姿しか見ていませんから、鬼のような形相をした人形を見ると、恐ろしいものだと思ってしまいます。仏様のような穏やかな顔をした人形を見ると、穏やかな仏様だなぁと気持ちが和みます。

これは私たちの心の有り様をたとえています。心というものは、あるときには怒りや憎しみのような恐ろしい姿として現れ、あるときには穏やかな心として現れることもある。しかし、その心の本質は何であるのか、そこのところを見なさいと言っているのです。

恐ろしい鬼のような顔をした人形の姿形だけしか見ない人は、そのいかにもおどろおどろしい姿に恐怖を感じ、忌み嫌ったりします。けれども、それを冷静に見て、恐ろしい姿をしているけれど素材は仏像と同じ金で、単に形が違うだけなんだとわかれば、心が動揺することはないのです。我々の心の本質を見るというのも、それと同じことです。

この間、日本では集中豪雨で多くの家が流され、多くの人命が奪われました。恐ろしい濁流でした。しかし、それはいくら恐ろしいといっても、本質は水です。水なんだということがわかって、それを穏やかに治める方法がわかれば、水そのものには何も問題はないのです。問題があったとすれば、その水を治めることができなかったこと。治水に問題があったのです。

それと同じで、怒りの心、憎しみの心といった煩悩といわれるものの本質は何であるのかを見抜くのが我々の修行です。それによって、煩悩だと思っていたものの本体は、なんと仏様の心と本質は同じではないかと気がつく。仏像も金でできているし、鬼の像も金でできている。本体は同じ金ではないかということに気がつく。これを悟りというわけです。

ですから、煩悩を除いて悟りを得るというのは違うのです。昔の禅僧が言った「泥棒を捕らえてみれば我が子なり」という句があります。煩悩というのは、何もとんでもない泥棒が外からやってきたわけではなくて、捕まえてみれば自分の倅ではないか、と。それがわかれば、煩悩が起こったときには「お前はおとなしくしておればいいではないか」と冷静に捉えることができるようになります。

煩悩といい、仏の心といっても、何も自分と別物ではないと気がつくわけです。ですから「煩悩即菩提」と言います。これが禅の大乗仏教、教えの基本です。自分自身をかき乱している心、煩悩の本質を見たならば、それは仏の心と何ら変わらないものではないかと気がつく。

器にしても、いろんな形の器がありますけれども本質は同じです。人間国宝が作ったならば素晴らしい造形になるでしょう。初心者が作ればどうしようもない器になるかもしれません。でも、素材は同じなのです。

●自分は自然の中の一部分である

人間の心は皆、平等です。仏教の場合は、人間だけではなく、あらゆる命あるものの本質は同じものと捉えます。その一つの命が様々な姿形をして、草になったり、木になったり、犬になったり、猫になったり、私になったり、あなたになったりする。でも、その本質的な命、根源的な命は平等なのだというのがブッダの目覚めです。

今お話ししたようなことは、どなたにも理解はできると思います。しかし理解はできても体得、つまり、それが本当に自分のものになっていないと心の安らぎまでは得られません。話を聞いて、「言われてみればそうだなぁ。なるほど、泥棒を捕らえてみれば我が子なりか。うまいことを言ったもんだなぁ」と思っても、現実を見れば、相変わらず自分の様々な感情、心の迷いに振り回されてしまいます。

そこでさらに深く体験をしていくことが必要になるわけですが、その前に、まず我々がどういうことを明らかにするのかということを学んではっきりさせる。その上で体験をしていく。これが仏教の素晴らしいところだと思います。

ちゃんと理解をした上で実践をしていくのです。ただ闇雲（やみくも）に信じればいいとか、むやみやたらにやれば何とかなると念じるというのではなくて、理論を明らかにした上で実践をしていくのです。

「万物を体して自己と為す。」

万物と自己を隔てているものはない、ということです。我々は今、自分を中心にしてすべてのものを見ていますが、坐禅や瞑想を深めていくと、自分もこの世の中の一部分であるというように、高いところから俯瞰して静かに見つめるような眼ができてきます。すると、自分というものを特別なものとして守ろうとするのではなくて、周りとの関わり合いによって、今、仮に存在しているだけなのだなぁというようなことを冷静に観察することができるようになります。

それによって、万物と自己とを別段隔てているものはないのだと気がつくのです。誰に聞いたか、自分というのは自然の分身であると。これはこじつけではないかという気もしますが、なるほどと思います。自分は自然の分身である。自然の中の一部分である。万物と自己とが一如、一つの存在なのだということがわかってきます。

●本物と偽物を見分ける眼を養う

「正邪弁ぜずんば、真偽奚んぞ分たん。」

何が正しい教えなのか、何が邪な教えなのか、最初に理論の上で明らかにしていかなければ、何が本物か何が偽物か見分けがつかなくなる。

平成を振り返ったときに、私がどうしても忘れられないことの一つがオウム真理教の事件です。今年（二〇一八年）、十三人が死刑によって亡くなりました。その中の一人は、私の大学時代の同級生です。同級生といっても面識があるわけではないのですけれども、事件の後、同学年にいたことがわかりました。

私の同級生で有名なのは柔道の山口香さんです。ああいう方が同級生なのは大変名誉なことなのですが、オウムに入った同級生はサリンを作りました。彼はものすごく優秀な科学者で、明晰（めいせき）な頭脳を持っていて、そして純粋な青年でした。でも恐ろしいことに、その純粋さと科学者としての素晴らしさが仇（あだ）になってしまいました。彼がいなければサリンを製造することはできなかったのですから、彼がオウムに入らなければと悔やまれます。彼は何が本物で何が偽物かということを冷静に学んで見ていく眼を持っていなかったのでしょうか。

逮捕された後も、彼はなかなか洗脳が解けませんでした。最後の方まで麻原に対する尊敬の思いを失わずにいたようです。しかし、私としては考えさせられます。同じ年に生まれ、大学も同じ国立大学で学んでいたのに、どんな教えに触れたのかによって生き方が変わってしまうのです。私はありがたいことに今日もこうして皆さん方の前でお話をさせていただいています。一方、彼は刑場の露（つゆ）と消えてしまいました。どんな教えに出会うかによって人間はこうも違ってくるものなのかと驚かないわけにはいきません。

彼は実行犯ではないけれども死刑判決が出ました。これは犯罪史の中でも珍しいそうです。実行犯ではないにしても、サリンの製造に関わり、多くの犠牲者を出したことで世の中に対する影響が大きいという理由で死刑判決になったのだと思います。

同じ人間ですが、優秀さが仇になることもある。それはどんな教えに出会うかによって決まってしまうのです。真偽を見分ける、何が本物で何が偽物かを冷静に見分けていく眼を養っていかなければならないと、改めて思います。

「未だ断の門に入らざれば、権に見跡と為す。」

この段階では深い門に入ったとは言えないので、まだ牛の足跡を見つけたというのは仮にすぎない。でも、足跡を見つけたことは、これを追いかけていけばいいんだという大きな安心感に繋がります。

頌に次のように言っています。

「水辺林下、跡偏えに多し。」

水辺や林の辺りに足跡がたくさん見つかった。

「芳草離披たり、見るや也た麼や。」

「離披」というのは見慣れない言葉だと思います。これは「草がたくさん生い茂っている様子」を表していて、漢和辞典にも出ています。ここでは「草が生い茂っていて、なかなか足跡を見つけるのも大変だった」という意味になります。

「縦い是れ深山の更に深き処なるも、」

深い山のさらに深いところであるかもしれないけれども、と言っています。

「遼天の鼻孔、怎ぞ他を蔵さん。」

「遼」というのは「遥か遠く」という意味です。天にまで届くような大きな高い鼻をした牛がそこにいるのが、あなたに見えているか。どうして牛が隠されていることがあろうか。ありはしないぞ。

しっかりと足跡を見つけて牛を見つけにいくんだぞ、という決意をこういう詩で表しているのです。

●自分の姿を俯瞰して冷静に観察する眼を持つ

ここにも和韻の詩が作られていますので読んでみましょう。

和

枯木巌前、差路多し。草窠裏に輥ず、非を覚ゆるやいなや。
脚跟若し也他たに随い去らば、未だ当頭に他を蹉過することを免れず。

「枯木巌前、差路多し。草窠裏に輥ず、非を覚ゆるやいなや。」

枯れ木のある巌の前に、たくさんの分かれ道がある。どちらに進んだらいいのかなというう人生の岐路です。そこで誤った教えに触れたりすると、先ほどのオウム真理教の彼の話ではありませんが、自分の人生が台無しになるどころか多くの人たちも傷つけてしまう。家族までが大変な目に遭ってしまう。

「草窠裏」というのは「草むらの中」というような意味合いです。「窠」というのは「穴蔵」とか「巣」という意味です。草むらに足を取られながら「輥ず」転がる。幾たびも転んで探し求めた。「非を覚ゆるやいなや」、自分の間違いに気がついたかどうか。

「脚跟若し他に随い去らば、未だ当頭に他を蹉過することを免れず。」

この場合、「他」というのは「牛の足跡」を指します。だから「牛の足跡ばかりに気をとられていたならば」となります。「当頭に他を蹉過する」は、肝心の牛に出会ってもすれ違ってしまうことを言っています。

つまり、「牛の足跡ばかり見ていて本物の牛に出会ったときにすれ違ってしまうような愚かなことがないように気をつけろ」と言っているのです。これは「本ばかり読んでいて大事な真理を見失うことがないように気をつけなければならないぞ」と言っているわけです。

オウムの話をしましたけれど、私どもの修行の上でも気をつけなければならない落とし穴があります。それは、あまりにも一つの方向にばかり集中しすぎてしまうと周りが見えなくなってしまうことです。

もちろん修行のある時期には、周りが見えないほどがむしゃらに突き進むことが必要です。しかし同時に、世の中にある自分の姿を高いところから冷静に観察することのできるもう一つの眼を持たなければなりません。

オウムの修行の内容を見ると、洗脳に重きを置いて、外部の情報を遮断していたようです。修行においてはそういう時期も必要なのですが、それだけになっていたということが大きな欠陥だったのではないだろうかと思います。

一つのことに集中すると確かに大きな力が出てきます。一方で、それが過信や慢心に繋がってしまうことがあります。だから同時に、謙虚に自己を見つめる必要があるのです。謙虚さがなくなって、自分たちがこの世の中を変えてみせるというのは慢心でしょう。

慢心は謙虚さの反対です。俯瞰（ふかん）といいますか、高いところから自分の存在がどういうものかを見る。そして、自己はちっぽけなものだという認識を同時に持つ。オウムはその教えに欠けていたのではないかと私は見ております。どんな状況であれ、謙虚さが大事なのです。

さて、十牛図の第二番目「見跡」は、仏教の基本的な教えを学んで「これが正しい道だ」「これが確かな道だ」とはっきりとさせることが大切であるという話でした。牛の足跡は見つかりましたが、ここではまだ牛の姿は見えていません。牛は第三番目「見牛」に到って、ようやく姿を現すことになります。

第三講

自分本来の心を取り戻す

見牛序三……ようやく牛を見つける

得牛序四……野性の牛はすぐに暴れ出す

牧牛序五……暴れる牛をいかに飼い馴らすか

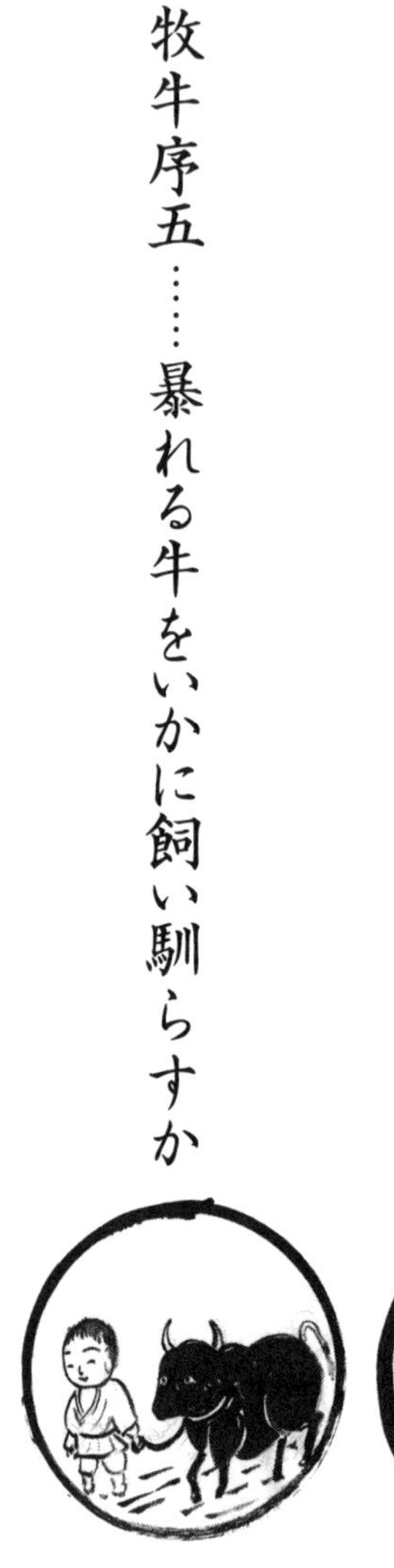

●洞窟に閉じ込められた少年たちはなぜ冷静でいられたのか

少し古い話になりますが、タイ国で子供たちが洞窟の中へ閉じ込められるという事件がありました。私はこの事件に関心を持っていろいろと調べたのですけれど、調べるほどに大変興味深いことだと思うようになりました。私がこの事件のどこに関心を抱いたのか、ご存じない方もおられると思いますので、事件のあらましから簡単にご説明いたします。

ムーバと言いましたか、日本語ではイノシシという名前のサッカーチームの少年十二名と、二十五歳のコーチの青年が洞窟探検に行ったところ、大雨が降って洞窟内に水が流れ込み、閉じ込められてしまったのです。しかし、最初の九日間は彼らがどこにいるのかわかりませんでした。その間、十二人の少年とコーチはずっと助けを待っていました。

これは大変な状況だったろうと思います。全く情報が絶たれていますし、食料もありません。飲み水は洞窟内に微かに滴り落ちる水で補えましたが、洞窟内は真っ暗闇で、いつ見つけてくれるという確証は全くなかったのです。少年の年齢を調べると、一番若い子で十一歳、一番年上で十六歳です。そんな子供たちがパニックにもならずに平気でいるというのは実に大変なことだったと思います。

私がこの事件に関心を持ったのは、そのコーチの青年に八年間お寺で修行をした経験があって、洞窟の中で子供たちに瞑想を教えていたと知ったからです。いろんな要因があるのでしょうけれども、これが洞窟内で平静を保つのに大きな効果を発揮したのではなかろうかと思ったのです。

小学校の低学年の子供がいなかったのも幸いしたと思います。冷静に考えると、水さえあれば十歳以上の元気な子供なら一か月近くは保つはずです。一番恐ろしいのは、心が混乱して、動揺してしまうことです。それが激しくなるとパニックになってしまう。そうなると最悪の場合には集団が全滅してしまう恐れもあったと思います。

そうならないように、このコーチは瞑想を教えたのでしょう。高度な瞑想は難しいでしょうから、おそらく背筋を伸ばして自分の呼吸を見つめるというような簡単な瞑想だったろうと思いますが、それが効果を発揮したのではないかと非常に興味を持ったのです。

また調べてみると、彼らが洞窟に閉じ込められて九日ぐらい経って、ようやく子供たちが洞窟の中にいることがわかったというのです。しかし、助け出す方法がしばらく見つかりませんでした。だめかもしれないという悲観的な見方が広がったようです。

そうなると今度は保護者が動揺します。子供たちの家族・親族が洞窟の入り口に集まりました。彼らが見守る中、穴を掘るとか水を抜くとかあらゆる救出方法が模索されましたが、なかなか良い救出方法が見つからない。家族に動揺が広がりました。

そのとき、タイの首相が現場にやって来ました。そして、家族に状況を説明すると同時に、瞑想を教えたというのです。「皆で呼吸を数えましょう」「息を調(ととの)えましょう」と、椅子に坐ったままできる瞑想を教えたのです。家族の人たちも落ち着いてこれをやっていたということです。

結局、最後はダイバーが中へ潜って子供たちを救出するという方法が取られました。その結果、全員が無事に救出されたのです。

こういう事件ですが、いろいろな記事を読んで、私はなるほどと思いました。坐禅なり瞑想なり、心を落ち着けるという方法を身につけておくと、自分の命を救うのみならず、人をも救うことができることもあるのだと思ったのです。

●「どういう思いで行動したのか」が最重要視される仏教の教え

それからもう一つ私が興味深く思ったのは、この事故の後、コーチの人が子供たちを救ったと賞賛されたということです。ふと、もしこれが日本だったらどうだったろうかと思ったのです。おそらくコーチの人は大変な攻撃に遭ったことでしょう。無事に救出されたとしても、「どうしてそんな危険なところに連れていったのか」と糾弾され、これがその後の子供の精神にどういう影響を及ぼすかというようなことが問題視されたでしょう。たぶん毎日ワイドショーにさらされ、親のところまで取材が来たりして、社会生活が営めないぐらい大変なバッシングに遭ったのではなかろうかと思うのです。

しかし、タイの国ではそういうことがなかった。これは非常に考えさせられます。

これはついでに申し上げるのですが、そのとき私は自分も仏教の教えを忘れかけていたことに気がついたのです。お釈迦様の教えの中で、たとえば人を殺してはいけないというのは戒律の一番の根本です。しかし、これは殺す意思があって殺したのかどうかというのが一番重要なところです。殺すつもりはなかったけれども相手の人が亡くなってしまったという場合は、仏教の戒律の上では、人を殺したという罪には問われないのです。

日本の国では、人を殺して「殺すつもりはありませんでした」と言っても通用しません。私も日本に住んでいますので、それは重々承知しております。しかし、仏教の教えでは、その人がどういう思いで行動したのかが最重要視されるわけです。タイは仏教国とよく言われますが、その仏教的な考えが大きかったからこそ、コーチの人を非難する声が出なかったのではないかと思ったのです。これは日本とは大きく違うところでしょう。

●背筋を伸ばし、ゆっくり深く呼吸をして、その息を見つめる

ともあれ申し上げたいことは、こんな忙しいのに心を調えて何になるのかと思うかもしれませんが、ひょっとしたら皆さん方もどこかで閉じ込められることがあるかもしれません。そういうときに、今の話を思い出していただきたいのです。背筋を伸ばして息を見つめることによって、命が救われることがあるかもしれません。

そういうことが役に立たないのが一番いいのですけれども、これからの世の中はどこで何が起こるかわかりません。そこで動揺して、ない食料を探したりして無駄なエネルギーを費やすことが命とりになるということもありましょう。そういうときはまず背筋を伸ばして、ゆっくり深く呼吸をする。そして、その息を見つめることなのです。

日本に日泰寺(にったいじ)というお寺があります。日本とタイの国との友好のお寺といいましょうか、ここにはタイから分けていただいたお釈迦様の御遺骨が納められています。

お釈迦様という方が歴史上実在した人物であると証明されたのは、明治の時代です。北インドで紀元前三世紀ぐらいの「これが仏陀、釈迦の骨である」ということがきちんと書かれたお骨が発見されたのです。それで初めて、釈迦牟尼は歴史上実在をした人物である

ということがわかりました。

そのお骨を仏教国であるタイがいただきました。そのときに日本にもいただきたいということで、タイの国からお釈迦様のお骨を分けていただいたのであります。そのときにタイの国からは「特定の宗派ではなくて、日本の宗派全部でこのお骨を守ってください」という条件がつけられました。そこで日泰寺というお寺を作って、十九の本山が交代で住職をして、お骨をお守りするということになりました。

私は昨年（二〇一七年）の十二月三十一日まで、日泰寺の住職を務めていました。そんな御縁もあったものですから、タイで起こったこの事件とタイの人たちの仏教的な生き方というものに大変に興味を持ったのです。

あの洞窟から救出された後日談があります。救出された少年たちが出家をしたのです。出家といっても日本とは違って、一週間とか十日間の短期間の出家です。それは一つには救出の途中でダイバーの人が一人犠牲になっているので、その供養をするためでした。またコーチの青年はもう少し長い期間、お寺に入って修行をしていたそうです。こういうところもなるほどと考えさせられることでございました。

さて、前回は十牛図の一番目の「尋牛」と二番目の「見跡」についてお話をしました。

尋牛というのは、本当の自分を探していく、自分の本当の心を見つめていくことを「牛を探しに行く」ことに重ねているのだとお話ししました。そうしたら牛の足跡を見つけた。これは本などを読んで、自分がどういう方向に向かえばいいかがわかったということに重なります。

そこで今回は三番目の「見牛」、ようやく牛を見るというところに進みます。

三、見牛

見牛序三

声より得入すれば、見処、源に逢う。六根門、著々、差うこと無し。動用の中、頭々顕露。水中の塩味、色裏の膠青。眉毛を眨上すれば、是れ他物に非ず。

頌に曰く、

黄鸝枝上、一声々。日暖かに風和して岸柳青し。
只此れ更に回避する処無し。森々たる頭角、画けども成り難し。

●「見牛」——六根を手がかりにして本当の自分を見つけていく

この「見牛」には、仏教を学ぶ上で非常に大事な言葉が出てきています。「六根」がそれです。前にも説明しましたが、六根とは眼、耳、鼻、舌、身、意の働きのことを言います。これが実に大事な仏教の教えなのです。

我々は皆、同じ世界に住んでいるように思います。でも、見ているもの、聞いているもの、感じているものは一人ひとり皆違います。そこで仏教では、一人ひとりはそれぞれ自分の六根を通じて感じたものしか見ていないと考えます。これが仏教の基本です。

さて、今回最初にお話をしようと思いましたのは、除夜の鐘のことなのです。皆さん方はお撞きになるでしょうか。うちのお寺にも大勢の人が除夜の鐘を撞きに来てくれます。除夜の鐘というと、よく百八の煩悩を払うために撞くと言いますけれども、その百八の煩悩とは何かと聞かれると、お坊さんの中でも答えられる人は少ないかもしれません。

たまに「仏教には四苦八苦という言葉があるが、四×九で三十六、八×九で七十二、足すと百八になる」と言う人がいます。しかし、これは根拠がないと言っていいでしょう。

いろんな説があるにはあるのですが、一番確からしい説をご紹介しますと、この六根が基本になっているのです。眼でものを見る、耳で音を聞く、鼻で匂いを嗅ぐ、舌で味わう、身体・皮膚で触覚を感じる、意識の働きであれこれ思う。この六つが外の世界に反応することが、私たちが生きていることのすべてであり、それ以外に外からの情報が入ってくる手立てはありません。我々の活動は、六根が外の世界に触れ合うことによって行われているのです。

その外の世界に触れたときに、人間は三種類の反応をするといわれます。一つは「好きだな、面白いな、心地よいな」という反応。もう一つは「嫌だなあ、面白くないな、不愉快だな」という反応。それともう一つは「どうでもいい」と全く関心を示さない反応です。

この三つの反応が迷いになるのです。たとえば、好きという思いが過剰になってしまうと貪(むさぼ)りになります。嫌だ、面白くないという思いが強くなると、怒りや憎しみになってしまいます。この貪りや怒りは割に気がつきやすいのですが、仏教で気をつけなければならないのは、「どうでもいい」という反応です。これを「愚かさ」「愚痴」といいます。知ろうとしない、関心を示さないことです。マザー・テレサさんの「愛情の反対語は憎しみではなく無関心である」という有名な言葉があります。「どうでもいい」というのはこれに当たります。

知ろうとしない、関わろうとしない。これが一番深い迷いだと仏教では見なします。貪りも戦争や争いの種になりますし、怒りも恐ろしいものです。けれども、「どうでもいいや」「自分には関係ない」といって知ろうともしないし関わろうともしない、この愚かさが実は一番深い心の闇だというのです。

ともあれ六根はこのように外の世界に触れて三種類の反応をします。六×三で十八です。この十八の働きが過剰になると、汚れたエネルギーになってしまいます。先ほど申し上げたように、いいなという思いが貪りになると汚れた心の働きになります。逆に、怒りや嫌だなと思う気持ちでも、程よいものはそんなに悪くはなりません。もっといいものを学びたい、もっと人格を向上させていきたいというような良い方向へ向けることもできます。

つまり、十八に分かれた働きは、過剰になって汚れた心の働きになってしまうものと、清らかな心の働きになるものとの二つに分かれるのです。すると十八×二で三十六になります。さらに、その三十六は、過去にあったこと、現在にあること、未来にあることの三つに分かれます。だから、三十六×三で百八になる。これが百八つの煩悩と言われるわけです。

百八を全部覚えるのは大変にしても、六根が外の世界に触れてそれに反応を起こす三つの働きがあり、それが過剰になれば貪りや怒りや愚痴、愚かさといった心の嫌みになってしまうということ。これだけ覚えてもらうとよろしいのではないかと思います。

でも、我々はこの六つの働きがなければ生きていくことはできません。この六つの働きを手がかりにして、本当の自分、真の自己、本心、仏心というものを見つけていくのです。そのための最も大きな手がかりになり得るものが六根なのです。

では、六根の説明はこれぐらいにして、本文を読みながら内容を考察していきましょう。

●素晴らしい命の働きがあるから「見る」ことができる

「声より得入(とくにゅう)すれば、見処(けんじょ)、源に逢う。」

牛を探そうと旅に出て、牛の足跡を見つけました。そのときにおそらく牛の鳴き声か、がさがさ動いているような音が聞こえたのでしょう。「ああ、あっちのほうに牛がいるはずだ」と思って探していくと、見るという、まさにその処において源を見いだすことができた、と。これはどういう意味でしょうか。

まず「見る」というのは、眼があるから見ることができるのですが、実は眼があるだけでは見ることはできません。たとえて言えば、どんな精妙な機械であっても電池が切れていたら動きませんし、電源が入っていなければ作動しません。それと同じように、私たちのこの眼にしても耳にしても鼻にしても、我々の中で〝あるもの〟が働いていなければ見ることや聞くことや匂いを嗅ぐことはできません。

では、その〝あるもの〟とはいったい何かということなのですが、ふさわしい言葉がなかなか見つからないので、仏教の場合は「命」とか「心」というような意味で使うことが多いと思います。つまり、命があるから眼でものを見ることができる、命があるから耳で声を聞くことができる、命があるから鼻で匂いを嗅ぐことができる。あるいは、心があるから見ることができる、心があるから聞くことができる、心があるから舌で味わうことができる、というような具合です。命なり心なりといった言葉で表現をせざるを得ないと思うのです。

そして仏教の中でも特に禅の教えで重視をするのは、心こそが仏であるということです。仏は外的なものではなくて、自分たちが見たり聞いたり感じたりするときに働いている心そのものが仏であるというのが禅の教えなのです。ですから、見る、見たという働きにおいて、源つまり私たちの本心にめぐり逢うことができると言っているのです。命がなければ、心がなければ、見ることはできないというわけです。

そのへんのところをもう少し文章を読みながら深めていきたいと思います。

「六根門、著々(じゃくじゃく)、差(たが)うこと無し。」

六つの働きが「著々」、一つひとつ違うことなく、ある通りに眼でものが見える、音が鳴った通りに耳で聞くことができる。何ら違うことなく、そのままありのままに見たり聞いたりしている働きがここにある。これが基本なのです。そんなことは当たり前だと思うかもしれませんが、そこに素晴らしい働きが現れているのです。

「動用の中、頭々顕露。」

牛を探しにいくというと、自分の外にあるもののように思います。しかし、実は見たり聞いたりする働きそのものの中に現れている。それが「動用の中、頭々顕露」ということです。働いている動きの中に、一つひとつ現れている。一つひとつの動作、一つひとつの働きの中に本来の自己、本心がありありと現れているというのです。

だから、禅では「心が仏である」と説きます。これが一番の大事な教えです。

●仏の心は〝五目おにぎり〟のようなもの

「水中の塩味、色裏の膠青。」

坐禅をすると、雑念や妄想が湧いて、見たり聞いたりしたものが気になってしょうがない、心が動揺してしょうがない、とよく言われます。そのときの心とは別に仏の心・本来の心・本当の自分・本心というものがあるのでしょうか。これを説明するために、昔は「水中の塩味、色裏の膠青。」というたとえを使っていました。

まず「水中の塩味」というのは、水の中には塩があるということ。この塩は水の中に完全に溶け込んでいます。この塩が岩塩であれば塩のかたまりですから、それが水の中にあるというのはわかりやすいでしょう。この場合は、塩のかたまりである岩塩が仏心、あるいは私たちがこれから尋ねていくべき本当の自分です。そして、塩のかたまりの周りにある水は、我々の雑念や妄想にまとわれた普段の心です。ですから、その雑念や妄想を何とか取り除けば、岩塩のような仏心のかたまりが見つかるということになります。

しかし、実際はそういうものではありません。塩は岩塩のようにかたまりとして水の中にあるわけではなくて、水全体に溶け込んでいます。水と塩を分けることはできません。同じように、仏の心も私たちが見たり聞いたり感じたりしている働きの中に溶け込んでいて、分けて取り出すことはできないのです。

けれども、その塩の味を感じようと思えば、水全体に溶け込んでいるわけですから、水のどこを味わっても感じられます。そのように、私たちが見たり聞いたり感じたりしているその働きの中のすべてに仏心は行き渡っているというのが「水中の塩味」のたとえです。

後半の「色裏の膠青」も考え方は同じです。昔の日本画などでは色をつけるために膠（にかわ）で絵の具を溶いて使いました。青い色であろうと赤い色であろうと、すべて膠で溶きました。ですから、膠はあらゆる色の中に溶け込んでいるわけです。膠がなければ紙に絵の具で描くことはできません。そのように、私たちのあらゆる感情、心の働きの中にはすべて仏心、仏性、仏の心が備わっているというのです。

これをさらにわかりやすくお話しになっているのが、駒澤大学の小川隆先生です。小川先生は、「梅干しおにぎりと五目おにぎり」を例に話しておられます。「梅干しおにぎり」というのは、ご飯が我々の普段の心、迷いの心を表していて、その中に梅干しのように本当の仏の心が収まっている。だから、ご飯を取り除いたら梅干しがあるように本来の心が露わになるという考え方です。しかし、仏教的な立場から言うと、臨済禅の場合は、この梅干しおにぎり的な教え方をするのではなく、「五目おにぎり」なのだと小川先生は言われます。

それはどういう意味なのか。梅干しおにぎりであれば、ご飯を取り除けば梅干しがありありと現れます。我々であれば、普段の雑念や妄想にまみれた心をきれいに取り除いたならば、素晴らしい真珠や水晶の玉のような仏の心が現れてくるという見方ができます。これは単純明快で、わかりやすいでしょう。しかし、わかりやすいけれども、実際はそう簡単なものではない。

五目おにぎりというのは、ご飯の中に具が混ざっています。具とお米は常に一体ですから、具だけを取り出すとか、ご飯だけを取り出すことはできません。それと同じように、我々の普段の心と仏の心は別々に分けて考えることはできない。仏の心というのは、五目おにぎりの具のように、あるいは五目おにぎりの味付けの味のように、我々の普段の心の中に混然と一つになって混ざり合っているという見方ができるのです。だから、これを分けて抽出することはできないというわけです。これはわかりやすいたとえだと思います。

ただ、いずれにしても問題は、仏の心が自分の内にあることに気がついているかどうかなのです。気がつかないからこそ、外の世界ばかりを見て探し回って、堂々巡りをしてしまうのです。

タイの洞窟に閉じ込められた少年たちが助かったのは、生きるための力が自分の中に備わっていたからです。そのことに気がつけば、その場にじっとしていることができるのです。でも、普通はそれになかなか気がつきません。あの子供たちも自分たちで少しずつ穴を掘ろうという努力はしていたらしいのですが、過剰に自分の心を浪費してしまえば、自分で自分の命を縮めることになっていたでしょう。今、自分がこうして生きている働きの上に素晴らしいものがある。こうして水を飲んでじっとしているだけで素晴らしいことなのだと気がつくというのが、瞑想なり禅の教えであると言えるだろうと思います。

「眉毛を眨上すれば、是れ他物に非ず。」

「眨上眉毛」というのは「眉毛をパッと吊り上げる」こと。眉毛を吊り上げて牛を見ようとするけれども、自分の外にある対象物として見える牛はいない。なぜならば、本来の牛、つまり本当の心は、パッと見ようとする心の働きの中にすでに備わっているものだからです。

●素晴らしい働きがすでに自分の中に備わっている

「頌に曰く、
黄鸝枝上、一声々。日暖かに風和して岸柳青し。」

この「黄鸝」というのは朝鮮ウグイスのことです。朝鮮ウグイスは日本のウグイスよりも少し大きいそうです。そのウグイスが枝の上で鳴いている。岸辺に植わっている柳も新芽を伸ばして青々としている。

ここでもウグイスの声を聞いている働き、青々とした柳の緑の新芽を見ている働きの中に仏心、本来の心が塩水の塩のように、五目おにぎりの具のように溶け込んでいるのです。

「只此れ更に回避する処無し。」

「回避」というのは逃れることですから、本来の自己からは逃れようがないということです。なんとなれば、自分自身にすでに仏の心が沁み渡っているからです。そこから逃げようとしても逃げることはできない。

「森々たる頭角、画けども成り難し。」

「森々」は「こんもり盛り上がった」という意味。立派な角を持った牛の姿というものは描こうとしても描きようがない。なぜならば水の中に溶け込んだ塩のようなもの、絵の具の中に溶け込んだ膠のようなものだからです。

仏心、本心というものは無色透明で、我々のあらゆる姿、あらゆる現象の中に溶け込んでいます。だから、絵で描こうにも描くことはできないわけです。

たとえば、命を描いてくださいと言われてもなかなか難しいと思います。しかし、命が表れている姿であれば、赤ん坊が泣いている姿とか、マラソン選手が一所懸命走っている姿というように描くことができます。あるいは、ごろんと横になって昼寝をしている姿であっても、そこに命はありありと働いているわけでしょう。

ですから、命そのものは取り出すことも絵に描くこともできませんが、それはあらゆる動作の中に、あらゆる働きの中に溶け込んで沁み渡っているのです。だから、自分の中に素晴らしいものが備わっているということに気がつきなさいと言っているのです。

これが十牛図の三番目「見牛」の教えです。

●どんなに見事に描かれた絵も命の躍動にはかなわない

和韻をして作られたもう一つの詩を見てみましょう。

和

形容を識得し、声を認得す。戴嵩(たいすう)、此れより妙丹青。

徹頭徹尾、渾て相似たり、子細に看来たれば未だ十成ならず。

「形容を識得し、声を認得す。」

「形容を識得し」は姿を見る。「声を認得す」は声を聞き届ける。

「戴嵩(たいすう)、此れより妙丹青。」

中国の有名な戴嵩という画家は素晴らしい絵の具を使って牛の姿や声を表そうとした、と。見事な絵描きであれば、走る姿であろうが、坐る姿であろうが、昼寝をしている姿であろうが、いろんな姿を描き表すことができる。いろんな動作、いろんな働き、いろんな姿の中に牛の姿や声がありありと表れているというのです。

「徹頭徹尾、渾て相似たり、」

頭から尻尾に至るまですべて本来の自己によく似ている。

似ているというよりも、もうそのものなのです。

「子細に看来たれば未だ十成ならず。」

しかしながら、子細に点検をしてみたならば、やはり絵に描くということ、あるいは言葉で表現をするということは、本当の命そのものに比べると隔たりがある。

誰の作でしたか、「展覧会　一等賞は窓の外」という川柳がありました。展覧会でいろんな絵を見ていて、「ああ、これは素晴らしいな」と思ったら、それは窓から見た外の景色だったというわけです。どんな素晴らしい絵描きであろうと、窓の外の景色には敵わない。絵の具で描こうとすれば、どんなに見事に描いたとしても、本当の命の躍動とは隔たりがある、十分ではないという意味です。

本来の自己にまず気がつく。それは自分の六根の働きを通じて、この働きの中にこそ素晴らしいものがあるのだと気がつくということです。それを教えるのが三番目「見牛」なのです。しかし、自分の中に素晴らしいものがあるとわかったとしても、「ああ、なるほど。これで本当の自己が見いだされて悩みも苦しみもなくなって幸せになった」とは、なかなかいきません。自分の中に仏の心があるという話を聞くと、「そういうこともあるかな」と思いながら、しかし心の悪い癖は簡単には取れないのです。

我々は、すぐに欲望にとらわれて必要以上に欲しがり、不愉快なことに心を乱されて怒りや憎しみの心を爆発させてしまいます。あるいは、何事にも関心が向かないといったことがあります。最近では親が自分の子供に対して無関心になって、虐待などの痛ましい事件を引き起こすようにもなっています。

これらは人間の心の深い闇です。そのような心の習性は簡単には取れないのです。なるほど、素晴らしい働きをする素晴らしい心が私たちの内にはすでに備わっていたんだと話に聞いて納得しても、それだけではなかなか人間の心に変革をもたらすことはできません。だから、様々な修練が必要になってくるのです。

では、そんな心を変えていくには何が必要なのでしょうか。それを学ぶのが次の「得牛」です。深い内容ですが、読んでいきながら理解も深まっていきます。まずは一緒に読んでみましょう。

四、得牛

得牛序四

久しく郊外に埋れて、今日渠（かれ）に逢う。境の勝（すぐ）れたるに由って以て追い難く、芳叢を恋（した）うて已（や）まず。頑心尚勇み、野性猶（なお）存す。純和（じゅんな）を得んと欲せば、必ず鞭撻を加えよ。

頌に曰く、

精神を竭尽（けつじん）して渠（かれ）を獲得す。心強く力壮（さかん）にして卒（にわか）に除き難し。
有る時は纔（わず）かに高原の上（ほとり）に到り、又烟雲（えんうん）の深処に入って居す。

●「得牛」――野性の心はちょっとしたことですぐに暴れ出す

「久しく郊外に埋れて、今日渠(かれ)に逢う。」

ようやく本来の自己の働き、心なり命なりの尊さに気がつく。初めて目覚める。ああ、そうかというところは得たとしても、久しく郊外に埋もれていた。

ここからまた牛の喩(たと)えに戻ります。この牛、つまり私たちの心というものは、長い間放牧状態にあったのです。放牧された牛ですから、それこそ好きなものを好きなだけ貪り食らい、そして好きなだけ眠りこけて、自分の欲望のままに暮らしていたのです。それを「久しく郊外に埋れて」いたと表現しています。長く郊外で気ままな暮らしをしていたわけです。しかし、ようやく「渠(かれ)」、つまり本来の自己、本当の自分、仏の心にめぐり逢うことができた、と。

「境の勝(すぐ)れたるに由って以て追い難く、芳叢を恋(した)うて已(や)まず。」

ようやくめぐり逢うことができた本来の自己にどういう素晴らしさがあるかということを聞いたけれども、まだ私たちは眼で見たり、耳で聞いたり、鼻で匂いを嗅いだり、舌で味わったりといった「境」、つまり外の景色、外の世界の素晴らしさに心が引かれてしまいます。だから、この牛を本来のところに戻すことが難しいのです。「芳叢」、いい匂いのする草があると、すぐそちらのほうに引かれていってしまう。

　本来の自己はじっと坐っているところにすべて備わっているという話を聞いたとしても、赤ちょうちんやネオンの明かりを見ると、ついフラフラと引かれてしまったりする。そういうことが心の習性として残っているわけです。牛にたとえれば、牛の野性というものがまだ残っていて、ちょっといい話を聞いたぐらいではすぐに元に戻ってしまうのです。

「頑心尚勇み、野性猶存す。」

「頑心」は頑なな心、愚かな心。頑愚という言葉がありますが、頑なで愚かな心がまだ強いのです。野性のまま野放しにしていた心の状態がまだ残っている。

　本来の心は「ああ、なるほど、五目おにぎりの喩えはうまいことを言っているな。塩水の塩のように、今こうして坐っている間にも素晴らしいものが全部ありありと働いているんだなあ」と思いながらも、外からいい匂いが漂ってくると野性の心が騒ぎだして「ああ食べたいな」と思い、いい音楽が聴こえてくると「もっと聴いてみたいな」と思ってしまう。そういう心がまだ働いてしまう。

「純和を得んと欲せば、必ず鞭撻を加えよ。」

純粋に和らいだ心の状態にしようと思えば、心の訓練をしなくてはいけない。心が外のものに引かれようとしたときに鞭を与えて、もう一度引き戻す必要があると言っています。

●雑念が起きたときには呼吸を意識して心を引き戻す

その心の訓練の一つが坐禅や瞑想です。しかし坐禅をしているときでも、心は何かよそのことを考えようとします。それでは意味がありません。先ほどのタイの例でも、保護者たちにタイの首相が瞑想を教えたといいます。保護者が洞窟の外で「責任者出て来い」とか「何とかしろ」といくら喚き騒いでも問題は解決しません。下手をすると二次災害が起こるかもしれない。騒ぐことによって何らかのいい影響があるということはないのです。

心を外に向かって働かせても、特に攻撃的な心を働かせることは、エネルギーを無駄に消費しているにすぎません。だから、決していい方向には進みません。

そのように心が外のものに対して働こうとしたとき、外界に引かれようとしたときには、「今、自分は心を外のものに取られてしまったな」「外に意識を向けてしまったな」と気がつくことが大事です。そして、気がついたならば、もう一度自分の呼吸を見つめ直そうと心を引き戻すのです。この「気がついて戻る」という働きを繰り返すことが大事です。

我々は何十年も坐禅をしていますが、雑念が起きないということはあり得ません。では我々が一般の方たちと何が違うかというと、雑念が起きたときにすぐに戻れるというところです。すぐに戻れるか戻れないか、ここが決定的に違っているのです。坐禅を続けていると、戻るまでの時間が短くなります。これは訓練によって鍛えることができます。

早稲田大学の熊野宏昭教授はマインドフルネス瞑想の実践者で、かつ精神科医でもいらっしゃいます。熊野先生がおっしゃるには、「今、雑念を起こしたな」と気づいたときに、すぐ元の呼吸に戻るという訓練をしていると、脳の中の島と言われる部分や海馬が活性化されて、脳神経の衰えを遅らせるのに顕著な働きがあるそうです。それがデータとして出ているということを教えていただきました。瞑想というのは非常にいいことが多くて、特に認知症などにはいい働きを及ぼすようです。「今、自分はよけいなところに逸れているな」と自分の意識の働きに気がついて、そこでもう一度元に戻そうとする。そのときに呼吸が頼りになるのです。昔の人は、呼吸を「船の錨のようなもの」だと言っています。「ああ、今、息が出ているな、息が入っているな」というところに戻れば、常に、そしてすぐに、穏やかな心に戻ることができる。だから船の錨のようなものなのだと言うのです。

船が多少動揺したとしても、錨を下ろせば、それ以上揺れ動く心配はないということです。

●心の習性は簡単に変えることはできない

「頌に曰く、
精神を竭尽して渠を獲得す。」

先ほどの小川隆先生に習ったことですが、中国の漢文で「精神」と出てくると、日本で言うような精神主義的な、形而上学的な心の働きというよりも、「元気」とか「気力」といった意味になるそうです。中国の古い漢文に出てくる精神は、日本の場合とは違って、もっとフィジカルな身体的な気力を指すそうです。

ですから、この「精神を竭尽して」というのも「気力を尽くして」という意味になります。「気力を使って漸く本来の自己に気がついた」と言っているのです。

「心強く力壮にして卒に除き難し。」

しかしながら、まだ心の野性の部分、貪欲な部分が残っていますから、ちょっとしたことでカッとなってしまう。その習性がまだ強く残っていて、なかなか取れない。

「有る時は纔かに高原の上に到り、又烟雲の深処に入って居す。」

その様子は、あるときは高い高原の上に登ったような澄んだ心境になったかと思うと、また元の靄のかかった迷いの中に戻りたがるようなものである。

お寺などに行って坐禅をすると爽やかな心境になります。でも、野生の牛から元の場所に戻るという習性がなかなか取れないように、我々の心も少しぐらい仏教を学んだとか良い話を聞いたからといって変わるものではない。その習性は簡単に変えることはできないというわけです。

次の和韻でも、同じようなことが語られています。

和

牢く縄頭を把って渠を放つこと莫れ。幾多の毛病未だ曾て除かず。

徐々として驀鼻に牽き将ち去らば、且た、頭を迴して旧居を識らんと要す。

「牢く縄頭を把って渠を放つこと莫れ。」

心に手綱をしっかりと握って暴れないようにしなさい、と言っています。

どんな大きな山火事も最初は僅かな火から始まります。そんな僅かな火のときに気がついて消すことができれば幸いですが、そこで気がつかず火力が強くなったときに気がついたならば、怒りや憎しみの炎に心も体も全体が燃えてしまいます。自分が燃えるだけならまだしも、果ては周りの人に危害を加えてしまうことすらあります。そうならないように、小さな火のときに気づくことが大事なのです。そのためには、日常的に自分の心を見つめるという習慣をつけていくことです。僅（わず）かなことで、「あっ、今、自分は怒りの心を少し起こしてしまったな」と気がつくようにする。僅かな部分だと、小さな火を消すのがたやすいように、元に戻しやすいのです。だから、一日のうちに僅かでもいいから、その訓練の時間をつくって、心に縄を付けて暴れないようにしっかり手綱（たづな）を引き締めなさいというわけです。


「幾多の毛病（もうへい）未だ曾て除かず。」

この「毛病」は漢和辞典に「悪い癖、欠点」と出ています。心が六根で感じたものが百八の煩悩の根本であると言いましたが、六根が外の世界にあるものを「好き」「嫌い」「どうでもいい」の三種類に分けていることが深い病になっているのです。それが高じて争いが生じる。憎しみ合った同士が互いを攻撃し合うことになるのです。

様々な人間と人間との争い、国と国との争いの大本を辿れば、六根が外の世界に触れたときに、心地よいか、不愉快か、どうでもいいかという三つに分けることに原因があります。それが複雑になるか、大きくなるかの違いでしょう。

しかし、そんな話がわかっても悪い習性は簡単には除かれないと言っています。

「徐々として驀鼻に牽き将ち去らば、且た、頭を迴して旧居を識らんと要す。」

牛を制御するために鼻輪を付けます。これは大変痛いのだそうです。だから、あんな大きな牛でも鼻輪を付けて引っ張られると言うことをきくのでしょう。

そのように鼻輪を付けた鼻を引っ張って、「こっちへ来い、本来の心に戻れ」と言ったとしても、牛は「頭を迴して旧居を識らんと要す」、本来のところに戻ろうとせずに、ふと後ろを振り返って、元の欲望の世界をなお恋しがっている。

この「得牛」の段階で学ぶべきことは、心の習性によく気をつけておかなければならないということです。ようやく捕まえたけれども、放し飼いにされていた野生の牛、自由気ままな心は、ちょっと気を許すと暴れて、再び逃げ出そうとするのです。

そこで次の「牧牛（ぼくぎゅう）」では、心を飼い慣らす練習をするという段階に進みます。

五、牧牛

牧牛序五

前思纔かに起れば、後念相随う。覚に由るが故に以て真と成り、迷に在るが故に妄と為る。境に由って有なるにあらず、唯自心より生ず。鼻索牢く牽いて、擬議を容れざれ。

頌に曰く、

鞭索時々身を離れず。恐らくは伊が歩を縦にして埃塵に入らんことを。相将って牧し得て純和せり。羈鎖拘無きも自から人を逐う。

●「牧牛」――訓練によって野性化した心を飼い馴らしていく

「前思纔(わず)かに起れば、後念相随う。」

牧牛は心の野生性を飼い馴らしていく。そういう段階です。「前思纔かに起れば、後念相随う。」とは、その野性の心が迷いを引き起こす様子を表しています。

「前思」、前の思いとは、たとえば「あのときにこんなことがあったなあ」といったことです。そんな思いが起きたときにそこで終わればいいのですが、しばしばその思いをさらに後の思いが引きずってしまいます。我々の普段の心には、思いが思いを引きずるという働きがあるのです。仏教的な心の観察からいくと、心というのは一秒の間に七十数回も消滅を繰り返しているとされます。本当に深い禅境に入ると、そんな微細な心の働きが見えてくると言います。

要するに、「ああ、こういうことがあったな」と思うと、その思いに対して思いをさらに続けてしまうのです。それが続いて、どんどん増幅させてしまう。思いをどんどん膨ませてしまうのです。するともう自分では制御できないような怒りの心、憎しみの心、妬(ねた)みの心にまでなってしまいます。こういう心の働きがあるということを、まず知る必要があります。

不愉快なことがあっても、本来ならば、それはそこで終わったことなのです。しかし、その様々なことが、ずっと忘れられないでいるわけです。たとえば、こんなことがありました。学生さんたちと一晩の坐禅会を開いたときの話です。坐禅が終わった後で「何か質問はありますか?」と聞いたら、目の前の女子学生が手を挙げて、「どうしたら昔の彼氏を忘れられますか?」と言いました。私が「あなた、坐禅している間、ずっとそれを考えてたの?」と聞くと、彼女は「はい、ずっと考えていました」と答えました。「ご苦労ですねえ」と言ってしまったのですが、昔の彼氏のことなど思ったところでしょうがないのです。

私は「あなた、本当にずっと思ってるの?」と再度聞きました。すると彼女は「思っているんです」と。しかし、そんなことはあり得ません。その思いは必ず途切れているはずです。たとえば、何かおいしいものが目の前にあってそれを食べた瞬間には、「ああ、おいしいな」という思いになっているはずです。でも食べ終わると、また思い起こしてしまう。

晩にゆっくり風呂に入れば、入った瞬間ぐらいは「ああ、気持ちいいなあ」という気持ちになるでしょう。そのときは昔の彼氏のことなど忘れているはずですが、湯船に浸かってしばらくすると、また悶々として思い出す。その繰り返しなのです。

だから、本当は途切れているのです。その途切れているところでそのまま途切れさせて、次が起こらないようにするのも訓練です。途切れを見つけるという訓練です。二十四時間、一つの思いがずうっと続いているということはあり得ません。どこかで途切れている。その途切れた瞬間にパッと切り替えることが大事なのです。

●自分の心の状態に気がつかないから迷ってしまう

「覚に由るが故に以て真と成り、迷に在るが故に妄と為る。」

迷いというのは、前の思いが起きて後の思いがそれを続けてしまうところから生じます。そういうときに救いになるのは「覚」ということ。つまり、気がつく、覚醒するということです。今そのような迷いを起こしているなと気がついたならば、その時点でそこから離れるのです。

私はよく「橋の上から川の流れを見るように呼吸を見つめましょう」と言います。橋の上から川の流れを見るように、「ああ、今、怒りの思いができて、今その怒りの思いを増幅させようとしているな。ここでもうこれ以上その思いを続けてはいけないないな」と自分の心を見る。そうやって高いところから自分を眺めているような視点を持つわけです。

最近、気づきの瞑想という言葉をよく聞きます。この「気づき」とは、「覚」のことだと思います。気づいたならば、一瞬のうちに本来の自己に常に立ち返ることができるのです。

迷いというのは覚の反対です。気がつかないという状態です。しかし、気づかないでいると、その思いに自分が呑み込まれてしまいます。高いところから見る視点を失って、自分もその思いの中に呑まれてしまうと、もうどうしようもありません。それが迷いになる。気がつかないと真理から遠ざかってしまいます。

「境に由って有なるにあらず、唯自心より生ず。」

漢文は主語がないというのが一番の欠点ですが、この文の主語は「迷い」です。迷いというものは「境」、外の世界によってあるのではない。それは「自心」、自分の心がつくり出すものであると言っています。

タイの子供たちのように洞窟の中に閉じ込められるというような状態の中にいても、心を調える術を知っていれば、それは迷い苦しみにはなりません。しかし、そこにいる人の心が動揺し、怯(おび)え、疑心暗鬼(ぎしんあんき)になってしまえば、その心は洞窟の中で地獄をつくり出していたことでしょう。洞窟の中が地獄となるか、極楽とまではいかないとしても穏やかな状態を保てるか、それは心を調えることができるかできないかの違いです。つまり、外界が苦しみや迷いの世界をつくり出すわけではなく、すべては心がつくり出すのです。

●元の呼吸に戻ることを繰り返すうちに心は落ち着いてくる

「鼻索牢く牽いて、擬議を容れざれ。」

「鼻索」は鼻に縄を付けることですから、この野生の牛の鼻に縄を付けてしっかり引きなさい、と。貪りの心や他人を攻撃しようとするような心になりかけたときには、牛の鼻に縄を付けて引き戻すように、自分の心をもう一度引き戻すのです。

次の「擬議」は、あれこれ考えようとする、ためらう、躊躇しようとするという意味です。あれこれ考えていると人間の心はますます燃え盛り、とりとめがなくなって、思いに飲み込まれてしまいます。だから、常に自分の心を見つめて、脱線しそうになったら僅かな脱線のうちに縄をかけて元の呼吸に戻しなさい、と言っているのです。

ちょっと腰骨を立てて、「今、自分の呼吸はどんな呼吸になっているだろうか」と意識をするだけで、すぐに元の呼吸に戻れます。あれこれ考えて、ためらうなということです。

「頌に曰く、

鞭索時々身を離れず。」

「鞭索」は鞭と縄です。牛が貪りや迷いといった心の野性を発揮しようとしたら、鞭を与えて自分の心を本来のところに戻しなさい、と。「時々」は「たまに」という意味ではなくて、この場合は「常に」です。いつも身を離さないようにしておきなさい、と言っています。

「恐らくは伊が歩を縦にして埃塵に入らんことを。」

放っておくと「伊」即ち「心」は感覚に引きずり回されます。外の刺激に引かれてしまい、野放図な心になって、塵埃の中に戻りたがろうとします。

「相将って牧し得て純和せり。」

そこで、心が乱れようとしたとき、本来の呼吸から心が離れようとしたときには、すぐに戻る。心が離れようとしたらすぐに気がつく。この訓練を繰り返していくと、心が野生の牛を「牧し得」ることができます。「牧牛」は飼い馴らすことですから、飼い馴らされて牛が純粋に穏やかになってくるというのです。

「羈鎖拘無きも自から人を逐う。」

純粋に穏やかになってくると、そんなに強く縄で引っ張る必要がなくなってきます。「羈鎖」は牛を繋いでいる縄や鎖ですが、「拘無きも」、縄で緊縛した状態で引っ張っていなくても、牛のほうから人の後をついてくるようになる。

四番目の「得牛」は暴れる牛を本来の自分が気づきの心で引き戻そうとする段階です。それを繰り返していくと、心がだんだんと落ち着いてきて、暴れなくなってくるのです。「牧牛」に描かれた牛の絵を見てもらうとわかりますが、牛が穏やかになって、繋いでいる綱が緩んできます。

そうするともう強く引きずる必要はなくなります。最初は強く引かなければ動かなかったけれども、瞑想なり坐禅なり禅定によって心を戻す力をつけてくると、心が暴れなくなってくる。そうすると、牛であれば鼻に付けた縄を強く引く必要がなくなって、縄にちょっと緩みが出てくる。これは日々の修練の成果です。こういう訓練を小さいうちからしていくと、幸せに生きていく術になるのではないかと思います。

●自分の心をよく観察すれば、より良い生き方ができるようになる

ここにも和韻の詩がついています。読んでみましょう。

和

甘んじて山林を分として此の身を寄せ、有る時は亦、馬蹄の塵を踏む。
曾て人の苗稼(みょうか)を犯著せず。来往空しく背上の人を労す。

「甘んじて山林を分として此の身を寄せ、有る時は亦、馬蹄の塵を踏む。」
この「山林」とは修行の道場を指します。本当は静かな環境、修行の道場なりに行って心を澄ませようとする。そこに満足して身を寄せています。しかし、「有る時は亦、馬蹄の塵を踏む」ですから、時には町に出て紅塵(こうじん)の巷に入ってしまう。やはり昔の欲望の刺激が懐かしいのです。

「曾て人の苗稼(みょうか)を犯著せず。」

でも、牛が人の耕した畑の苗を犯すようなことはしない。これは牛がよその畑の苗を荒らそうとするようなことを見つけたら、そこに行く手前できちんと手綱を引き締めて戻すことができたのです。

「来往空しく背上の人を労す。」

そういう訓練をしていけば、牛が行ったり来たりするときに、背中に乗っている人が手綱で厳しく引っ張るというような手を煩わせることがなくなる、と。強く手綱を引き締めるようなことをしなくても、心がだんだんと穏やかに飼い馴らされてくる。そういうふうに心を落ち着かせていくのです。

我々の活動は、六根が外の世界に触れるということから起こります。お釈迦様の時代、あるいは人類が始まって以来、我々の活動はそれがすべてです。それが貪りとして働くか、怒りとして働くか、知ろうとしない無関心あるいは愚痴として働くか。あるいは、それが過剰になってしまって人に危害を加えるようなものになってしまうのか、清らかな向上の働きとして調えていくことができるのか、といろいろな方向に働いていくのです。

それゆえ、より良い方向に進むためには、自分の心をよく観察する必要があります。自分の心を第三者的に、高いところから俯瞰する。これが気づき、目覚める訓練をするということです。

その訓練の手始めとして、橋の上から川の流れを見るようにして呼吸を見る。そして、呼吸を見るようにして自分の心の働きを見る。そうすると「ああ、今こんなことを思ったな」「今、心が逸れようとしているな」「よし、もう一度呼吸の働きに戻そう」と、常に呼吸というものが船の錨のような働きをして、本来の自己に立ち返ることができるのです。

それを繰り返していくと、だんだんとそのような習慣がついて暴れる心が収まってくるというのが、五番目の「牧牛」の教えです。

しかし、心が収まってくればそれで到り得たというのではありません。ここからまたさらに修行の世界は進んでいきます。六番目の「騎牛帰家」では、牛に乗って自分の家に帰るという場面が描かれています。これは何を意味しているのでしょうか。引き続き、学んでいくことにしましょう。

第四講

一円相の世界に到る

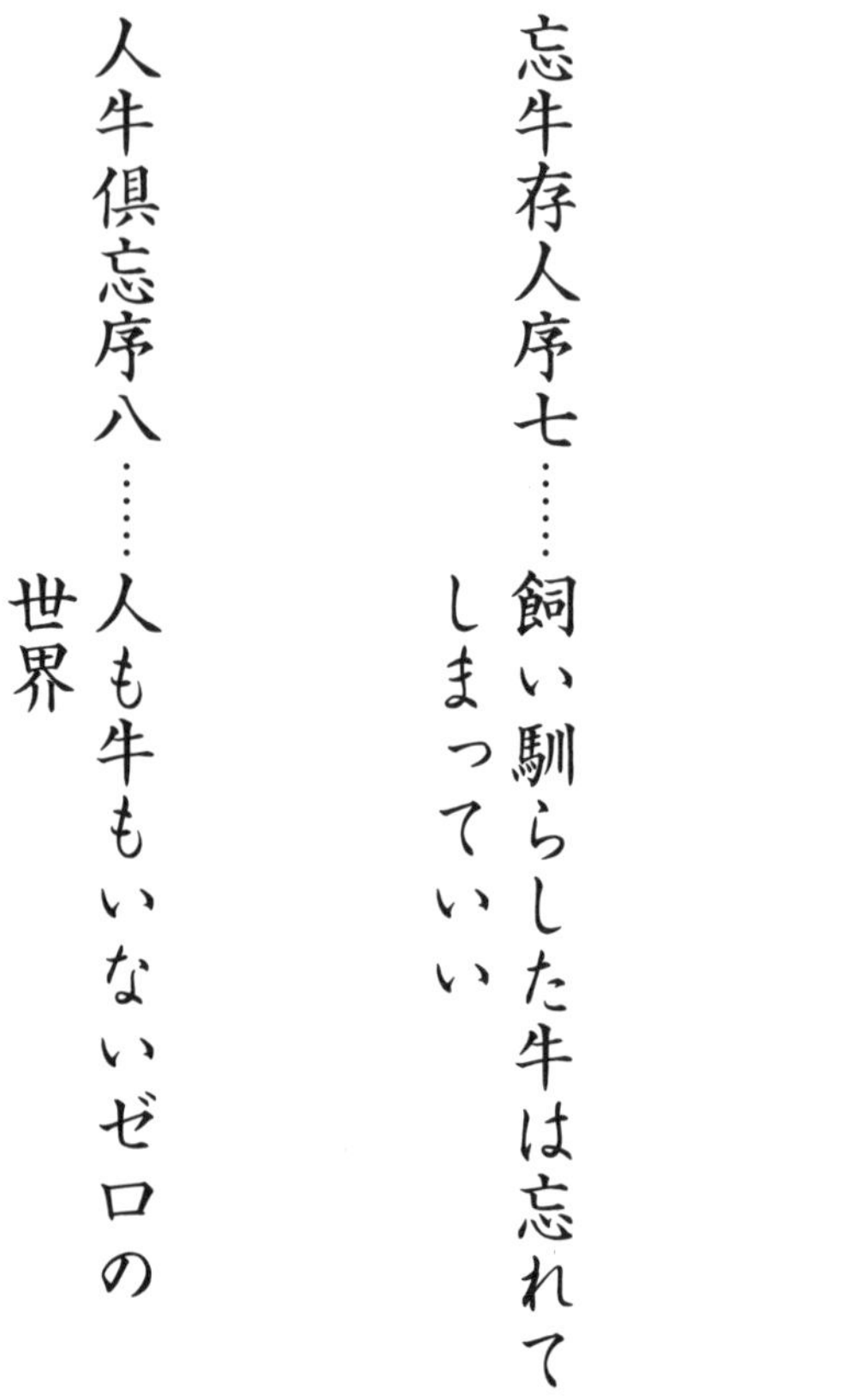

騎牛帰家序六……牛に乗って故郷に帰る

忘牛存人序七……飼い馴らした牛は忘れてしまっていい

人牛倶忘序八……人も牛もいないゼロの世界

●空の世界と感恩の精神

最近ある書物を読んでいて、いいことを言ってるなと思って書き写した言葉があります。こういう言葉です。

「アメリカ合衆国から自分ファーストという個人主義が輸入されて、いま恐ろしい勢いで跋扈(ばっこ)し始めた。この思想の勢いは止めることができない。何もかも個人主義個人主義と言って、いちいち自己を中心にしてものを考えていく。これが高じてくると危険思想になりかねない」

アメリカ合衆国で自分ファーストというと、おそらく皆様方の頭にはある大統領の顔が思い浮かぶのではないでしょうか。けれども、実はこれは大正八年、西暦でいうと一九一九年に出版された本（『禅に学ぶ明るい人生』国書刊行会）に書かれていた文章なのです。書いた人は円覚寺の管長を務めた釈宗演(しゃくそうえん)という方です。釈宗演は、夏目漱石が円覚寺に参禅したときのお師匠さんとしても知られています。

釈宗演老師は百年も前に「自分ファースト」という言葉を使って、自分ファーストという個人主義が高じてくると危ないと書いているのです。この文章を見つけたとき、私は釈宗演という人の慧眼に驚き、改めて感じ入りました。

アメリカのそういう自分ファーストの考えに対して、釈宗演老師は日本人の思想の中心となるものは何であるかと思案しました。そして、それは感恩の精神であると考えました。おかげさまと恩に感じることが日本人の思想の一番の中心であると言ったのです。

今回は十牛図の空の世界についてお話しするのですが、空の世界と聞くと何もない虚無主義的なものと思われるかもしれません。しかし、決してそうではありません。空っぽになることによって「おかげさまで」と感謝する心に気がつく。自分というものがどれだけ多くのものによって支えられているかに気がつくのです。

仏教に「他によって起こる」という言い方がありますが、これを今風に言えば、他との関連性、関わり合いがはっきり見えてくるということです。自分一人では存在できないということがわかってくるのです。

過日、天台宗の阿純章さんという和尚さんと対談をいたしました。私より五才お若い方ですが、阿さんは「一人になって初めて一人でないことに気がついた」と言っておられました。阿さんは今でこそ非常に社交的ですけれども、もともとは人と会うのが苦手だったそうです。

ところが、阿さんはある日一人お堂に籠もって坐禅をしているとき、自分は決して孤独ではなく、周りには畳もあれば壁もあるということに気づくのです。「一人で坐っていてもローソクの明かりもあれば線香の煙も立ち上っている。いろんなものが身の回りにあって、こうして自分は坐れる。一人ぼっちになればなるほど今まで気づかなかったつながりに気づくようになった」と言うのです。本当に一人になってみて一人ではないことに気がついた。これが自分にとって大きな人生の転換になったという話をしてくださいました。私はそのお話が非常に印象に残っているのです。何もなくなってみて初めて多くの人や物や自然に支えられているということがわかってくる。空の世界とは、こういう世界なのです。

●「山芋変じて鰻となる」という諺が教えていること

修行の世界では、一筆で描いた一円相の世界、すなわち空の世界、無の世界を目指して努力をしていきます。よく一般の皆様方に坐禅の指導をさせていただいておりますと、なかなか空になれない、無になれないと言われます。雑念や妄想が絶えず起きてきて、空や無になるのは無理なのではないかと言われたこともあります。

そんなとき、私は鰻（うなぎ）のたとえ話をするのです。今、鰻というのはだんだん捕れなくなって、値段も高くなっています。ついこの間、鎌倉市内を車で走っていて、確かここは鰻屋だったなという場所がいつの間にか普通の食堂に替わっていました。それを見て「ああ、鰻屋さんも経営が大変なんだろうな」と感じました。

若い和尚さんたちの研修会でそんな話をして、「鰻というのはどこで生まれたものなのか」という質問をしてみました。実はこれは長い間わからなかったのです。ギリシャのアリストテレスは、鰻は泥の中から生まれてくるというようなことを言っているぐらいです。

特に日本鰻がどこで生まれたのかというのは謎だったようです。日本には「山芋変じて鰻となる」という諺（ことわざ）があります。山芋が鰻になったというわけですが、そんな諺が作られるほど鰻がどこから出るのかはわからなかったのです。

その謎が近年になってようやく解けました。それまで誰も見たことのなかった鰻の卵が見つかったのです。養殖鰻というのがありますが、これは養殖と言っても卵から完全に養殖するわけではありません。鰻に卵を産ませて孵化させて育てることができれば、おそらく鰻の値段も高騰せず、鰻屋もつぶれずに済むと思うのですが、今のところシラスウナギを捕獲して育てることしかできません。

ところが、二〇〇五年あたりに鰻の幼魚が南の海で見つかりました。そして確か二〇〇九年あたりだったと思いますが、マリアナ諸島の海域でついに受精卵が発見されたのです。

日本から実に二千五百キロも離れた海で卵が生まれて、そこから小さな幼魚が黒潮に乗って海を渡って日本までやって来て、なぜか日本の川で大きくなるのです。しかし、日本の川で産卵することはなく、また海に帰っていく。帰りはどの道を通っていくのかは、未だに謎だそうです。人工知能まで創り出すほど人類は素晴らしい科学の発展を遂げていますが、鰻についてはまだわからないことが多いのです。しかし、謎があるというのは大変楽しいことです。だからこそ勉強をするのでしょう。

先ほどの「山芋変じて鰻となる」という諺の由来もなかなか面白いのでご紹介しましょう。江戸の昔の話ですけれども、信州のあるお百姓さんが山に入って山芋を掘っていたのです。私も山芋掘りは何度もやったことがあります。ムカゴがある根っこを探して掘っていくと、自然の山芋が掘り当てられるのですが、細いのしか採れませんでした。

さて、そのお百姓さんが山芋を掘ってみると、なんと、その先っぽが鰻になっていたというのです。「山芋が鰻になるとはこのことか」と驚いたお百姓さんは、その山芋鰻を家に持って帰りました。すると、「本当に山芋が鰻になるんだな」と家族中が大騒ぎになりました。

明くる日になると「あそこの家に鰻になりかけている山芋がある」と近所で評判になりました。その評判は家から家に伝わって、村中の人たちが見に来るようになりました。さらに次の日になると、隣の村の人まで見にやって来ました。

そうこうしているうちに、山芋の部分よりも鰻の部分が少しずつ増えてきました。なるほどこうやってだんだん鰻になっていくのかと大変な評判になって、とうとうお江戸の町までその噂が広がり、最後には江戸城の将軍様のお耳に入ってしまいました。

噂を聞いた将軍様は「予もその山芋が鰻になるのを見てみたい」と仰せになりました。上様の一言ですからこれは大変なことです。その山芋のために駕籠を仕立てて、中には立派な盥を置いて水を張って信州の山まで迎えにいくことになりました。そして、この山芋鰻を駕籠に乗せて江戸まで運ぶのですが、その間にもどんどんと鰻の部分が増えていきました。ようやく江戸城に着いたものの、将軍様にお目通しいただくまでに数日がかかりました。いよいよ上様に山芋鰻をお目見えする日になりました。山芋鰻を盥に入れ、蓋をして恭しく上様の前に献上しました。そしてぱっと蓋を取って見せたのですが、上様が目にした山芋鰻はもう完全な鰻になっていました。上様はそれをご覧になって言いました。

「何だ、これはただの鰻ではないか」。これが「山芋変じて鰻となる」という話です。

この笑い話と禅がどう繋がるのかということをこれからお話ししたいのです。我々は確かに煩悩の多い、迷いの多い人間です。それを仏になろうと思って努力をするのでありますが、完全に仏になることを目指さなくていいのです。完全に仏になれば、それは山芋が鰻になったようなもので、単なる仏です。

かといって、全く努力もしない煩悩のままでは、単なる山芋でしかありません。尊いのは、山芋が鰻になりかけているというところなのです。今日は少し鰻だけになった、今日もまた少し鰻になったという過程が尊いのです。

我々の坐禅の修行も、全部が全部、完全に空になる、仏の心になるというのは不可能です。それはそれで構わないのです。今日は少し仏の部分が出た、また今日は少し仏の部分が増えた。この過程、その努力が尊いのです。全部仏になるということは考えなくてもいいということを、この「山芋変じて鰻になる」という話は教えてくれています。

日々努力をしていても、一日二十四時間の全部が全部、仏の心でいられるわけにはなかなかいきません。また元の煩悩にまみれてしまうわけですけれども、その中で、「ああ、今日は五分心が落ち着いた」「いや、今日は十分落ち着いた」「今日は三十分穏やかな心でいられた」というように、〝なりかけている〟ところが尊いのだということを最初にお話ししておきます。

十牛図は一円相、空の世界、無の世界になることを説いていますが、完全な空や無の世界を目指すのではなく、少しでも空を感じられたら素晴らしいことです。それを念頭に置いて、六番目の「騎牛帰家」を読んでいきたいと思います。

六、騎牛帰家

騎牛帰家序六

干戈已に罷み、得失還た空ず。樵子の村歌を唱え、児童の野曲を吹く。身を牛上に横たえ、目に雲霄を視る。呼喚すれども回らず、撈籠すれども住まらず。

頌に曰く、

牛に騎って迤邐として家に還らんと欲す。羌笛声々、晩霞を送る。
一拍一歌、限り無き意。知音は何んぞ必らずしも唇牙を鼓せん。

●「騎牛帰家」――理想の自分と現実の自分が一つになる

十牛図の六番目「騎牛帰家」に添えられた絵には、牛に乗って家に帰っていく場面が描かれています。ここまでお話ししてきたように、牛というのは本当の自分、仏心、本来の心、あるいは目指すべきもの、理想など、様々にとらえていいと思います。

十牛図はチベットにも伝わっていますが、チベットではどういうわけか牛ではなくて象が描かれています。チベットの、とある象の絵は、最初の煩悩にまみれた状態を真っ黒い象として描いています。その真っ黒い像が仏様の声を聴くことによって、まず耳のあたりが白くなってきます。そして、修行が進むにつれて白い部分が少しずつ増えていき、最後に真っ白い象になって修行が完成するのです。その絵を見ると、山芋が少しずつ鰻に変化していく様子が重なります。

お話ししてきたように、十牛図の場合は、牛というものを自分の目指すべき理想にたとえています。最初に足跡を見つけて、次に尻尾のあたりを目にする。牛がここにいたということを見つけ出すわけです。そして牛を見つけると、縄をかけて引っ張って飼い馴らす。このようにしてようやく飼い馴らしたというのが、十牛図の五番目の「牧牛」でした。

最初の頃の自分の心は貪りや怒りや憎しみですぐに暴れ出してしまう状態にありました。でも、暴れて横道に逸れようとするたびに、綱をしっかり引いて本来のところに戻す。心が道を外しそうになったら、そこで気がついてまた引き戻す。これを繰り返すことで、だんだん自分の心が落ち着くようになります。そして、気がつくのが早くなればなるほど、引き戻す力は少なくて済むのです。

大きな怒りや憎しみになってから何とかしようと思うと、大きな力が必要です。でも、よく自分たちの心を観察していくと、僅かなうちに引き戻すことができるようになります。修行とは、そういう気づく力をいかに高めていくかという訓練です。

前にも話しましたが、火事も一緒でしょう。大きな山火事になってしまうと、それを消すには膨大な力が必要です。しかし、どんな大きな山火事でも元をたどればタバコの吸い殻であったり、マッチの火であったりと、ほんの些細(ささい)な火です。それに気がついてチョンと足で踏めば、そこで終わりなのです。しかし、それに気づかずに放っておくと、いつの間にか山全体に燃え移って大事になってしまう。そうなってから気づいても手遅れです。

我々の心も同じです。普段から心をよく見つめて、ちょっとでも暴れようとしたところで手綱を引いて引き戻す訓練を続けていけば、牛が飼い馴らされてくるように、簡単には暴れなくなってくるのです。

今回の「騎牛帰家」では、牛と自分とがだんだん一つになっていきます。別々だった目指すべき理想の自分と現実の自分の二つが一つになってくるのです。今のこの自分がそのまま理想の自分であり、理想の自分がそのまま今の自分と一つなのだと気がつくのです。そうすると、手綱で牛を引っ張る必要はもはやなくなって、牛の上に乗って前進することができるようになります。

ここに来て牛と人間との関係が変わってくるのです。最初は牛のほうが力が強いので、手綱を掛けて引っ張ろうとしても、逆に人間のほうが引っ張られてしまっていました。人間はそれを何とか引き戻そうと苦労します。ところが、飼い馴らすうちに、人間の後ろを牛がくっついてくるようになりました。するとそのうちに手綱が緩んできます。

これは自分の心を自分で調えることができるようになった状態です。そうなると今度は、その牛に乗って自分本来の家に帰っていくことができるのです。

●心を飼い馴らす戦いの後にやってくる安らぎの世界

「干戈已に罷み、得失還た空ず。」

「干戈」は盾と矛、要するに武器です。そこから転じて、戦という意味にもなります。最初は自分の心を引き締め、自分の心を飼い馴らすために、姿勢を調えたり呼吸を調えたりして、暴れようとする自分の心を収めようとします。それはあたかも戦いのようなものだと言っているのです。

坐禅の修行でも、白隠禅師という方は、眠気と戦うのだ、雑念や妄想と戦うのだ、そして戦って勝ちを得るのが坐禅であるというように説いています。その戦いにしても、一人で万人の敵に挑んでいくような気持ちで戦うのだ、と。

油断をしていては眠気に敗けてしまったり、雑念や妄想の虜になってしまったりする。だから腰を立てて、自分の主体性をしっかりと保ち、意識をはっきりと保って、自分の心をしっかり見つめ、そこから眼を逸らさないように戦いの気持ちでやっていくのだと説いておられます。

私どもも最初に坐禅をするときには、昔の武士が真剣を抜き、振りかざして、相手を睨みつけるような気迫でするのだと教えられました。それぐらいの気持ちで臨まないと、心というものはふっと油断して、全く関係のないことを考えてしまったり、遠い昔のことを思い出していたり、とんでもないことを考え出したりしてしまうのです。だから坐禅も「干戈」、戦いなのです。

そういう気迫でやっていくうちに、だんだんと心も調ってきます。心が調ってくると、そんな戦いの労力は必要なくなってきます。心が飼い馴らされてくるからです。

そうすると「得失還た空ず」という状態になります。「得」は牛をつかまえた、自分の心を自分ではっきりと捉えることができたということ。「失」は牛がどこかに行ってしまっていなくなってしまうこと。最初はそれを繰り返していたわけです。油断をするとどこかに飛んでいってしまう心を引き戻す。それを繰り返していた。でも、そんな得たり失ったりという苦労はもう終わってしまって、このままの状態で安らいでいられるというようになってきた。

そうなると心が自然と本来の穏やかさを取り戻すようになってきます。修行の世界でも最初に自分自身を見つめようというときは、自分に対しても厳しく、また周りに対しても厳しいという時期があります。でもそれを乗り越えてくると、穏やかな心境が育っていくのです。

「樵子（しょうし）の村歌を唱え、児童の野曲を吹く。」

村人の長閑（のどか）な歌を歌いながら、子供が歌っているような童謡（どうよう）を自然と自分も笛で吹き鳴らしている。こういう穏やかな心境になるのです。

「身を牛上に横たえ、目に雲霄を視る。」

自分と牛とが一つになっていく様子を、自分が牛の上に乗っている姿で表現しています。「雲霄」は雲と大空。空の様子をゆったりと眺めながら、牛に乗って静かな気持ちになる、と言っています。

「呼喚すれども回らず、撈籠すれども住まらず。」

呼んでも振り向きもしないし、取り押さえようとしても、とどまることがない。取り押さえようとする必要すらなくなってしまう。牛と格闘する必要はもうなくなった。そういう穏やかな心境になるのです。

●わかり合える者同士は何も言葉で説明する必要はない

「頌に曰く、」

漢詩にこう歌いました。

「牛に騎（の）って迤邐（いり）として家に還（かえ）らんと欲す。」

牛に乗っかって、ぶらりぶらりする。「迤邐（いり）」というのは見馴れない字ですが、悠然とした様子、ゆったりとした様子を表します。牛に乗ってゆったりとして、自分の家にようやく帰ることができる、と言っています。

「羌笛（きょうてき）声々、晩霞（ばんか）を送る」

「羌」は中国の北方にいた異民族を指します。「羌笛」は北方の異民族の吹く笛の音曲のことです。特別の格調の高い笛というよりも、鄙（ひな）びた笛の音色が聞こえてくる。「晩霞を送る」は、真っ赤な夕焼け雲の中を悠然と帰っていく。大自然の中に溶け込んでいったような状態を歌っています。

「一拍一歌、限り無き意。」

「一拍」というのは一小節、「一歌」は一つの曲です。一小節一小節、一曲一曲、なんとも言い尽くすことのできない深い味わいがある。

「知音（ちいん）は何んぞ必らずしも唇牙（しんげ）を鼓（こ）せん。」

「知音」とは「鐘子期が琴の名手伯牙の琴の音色をよく聞き分けた」という故事から来ている言葉で、「よく心を知り合っている人」を言います。

この故事については、皆様方もご承知かもしれません。琴の名人の伯牙という人がいたそうです。名人ですから、素晴らしい曲を奏でます。この伯牙があるとき、高い山を心に描きながら琴を演奏しました。すると鐘子期という人はその音を聴きながら、「ああ、いい曲だなあ。まるで高い山々が連なっている様子が目に見えるようだなぁ」と言いました。またあるとき、伯牙が流れる川を思い描きながら演奏をしてみせると、それを聴いていた鐘子期は「ああ、この曲を聴いていると清らかな川の流れのせせらぎの音まで聴こえてくるようだなぁ」と言いました。

このように鐘子期は伯牙の奏でる琴の音色をよく聞き分けることができたのです。そこで、音を知るというところから、心をよく知り合っている人という意味で今でも使われるのが「知音」という言葉です。

次の「唇牙」は唇や牙ですから「唇牙を鼓する」で「喋る」「ものを言う」という意味になります。「何んぞ必らずしも……せん」というのは反語ですから、ここでは「どうして喋ることが必要であろうか、そんな必要はない」という意味になります。

鐘子期と伯牙のように心境を分かち得た者同士であれば、何もよけいな言葉を差し挟む必要はない。わかり合える者同士は何も言葉で説明する必要はない。こういう心境を味わった人は何もそれ以上言うことはないのだ、と言っているわけです。

●ゆったりと落ち着いた気持ちで故郷に帰る

これに和韻をしてもう一つの詩が作られています。

和

指点せる前坡は即ち是れ家。旋て桐角を吹いて烟霞を出づ。忽然として変じて還郷の曲と作る。未だ必らずしも知音は伯牙を肯わず。

「指点せる前坡は即ち是れ家。」

「指点」は「指を差す」こと。前方に指を差す。「前坡」は前に見える丘のことです。前に見える丘が自分の家のあるところだ、と。ようやく故郷に帰り着いたわけです。

「旋て桐角を吹いて烟霞を出ず。」

「旋て」しばらくして、「桐角」桐で作った笛を吹いて、「烟霞」、霞のかかった靄の中を出かけていく。

この「桐角」にはいろいろな説がありますが、桐で作った笛というあたりが一番穏当ではなかろうかと思います。なかなか本来の意味がわかりづらい言葉ですが、他にあまり用例がないので、確定ではありませんが桐の木で作った笛ということにしておきます。

「忽然として変じて還郷の曲と作る。」

故郷に帰る音色に変わっていった。

「未だ必らずしも知音は伯牙を肯わず。」

本当の音色を知った者は、もはや伯牙も必要とすることはない。伯牙の曲にも劣ることはない。これは、悠然と家に帰っていく、その落ち着いた気持ちで奏でる笛の音色は実に素晴らしいと言っているのです。

このようにして、自分の本心を取り戻すことができたというのが「騎牛帰家」という段階です。

七、忘牛存人

忘牛存人序七

法に二法無く、牛を且(しばら)く宗と為す。蹄兎(ていと)の異名(いみょう)を喩(たと)え、筌魚(せんぎょ)の差別(しゃべつ)を顕す。金の鑛(こう)を出るが如く、月の雲を離るるに似たり。一道の寒光、威音劫外(いおんごうげ)。

頌に曰く、

牛に騎(の)って已(すで)に家山に到ることを得たり。牛も也(ま)た空じ人も也た閑(しずか)なり。紅日三竿(こうじつさんかん)、猶(なお)夢を作(な)す。鞭縄(べんじょう)空しく頓(さしお)く、草堂の間。

●「忘牛存人」――牛と自分が一体となれば、もはや牛は必要ない

「十牛図」というのは変化していくのが大変に面白いところです。六番目の騎牛帰家で牛の上に乗って進んでいくことができるようになりました。すると、もはや牛は必要なくなります。目指す自分と本来の自分がピタッと一つになったのですから、もはや牛は忘れてしまっても構わないのです。今の自分がそのまま仏の心になっているのです。

『無門関』という禅の書物に「即心即仏」という言葉が出てきます。自分のこの心がそのまま仏の心なんだ、ということを表す言葉です。あるいは「平常心是道」という言葉があります。自分の普段の当たり前の暮らしがそのまま仏道に適っている。目指すべき道と自分の毎日の暮らしとが一つになるということです。それを教えるのが十牛図の七番目「忘牛存人」の話です。

古い中国の古典で、飛衛と紀昌という弓の名人の故事があります。中島敦さんが『名人伝』という小説にしています。小説の中には、最後に弓の名人の紀昌が弓の名もその使い道も忘れるという場面が出てきます。

弓の名人となった紀昌が知人の家に招かれたときに、その家にあった弓を見て「それは

何という品物で、また何に用いるのか」と尋ねるのです。主人は最初、紀昌が冗談を言っているのと思いましたが、三度同じことを聞かれたので驚いて、紀昌がふざけているのでも自分が聞き間違えているのでもないと気づきます。そして「ああ、夫子が、――古今無双の射の名人たる夫子が、弓を忘れ果てられたとや？ ああ、弓という名も、その使い途も！」と狼狽して叫ぶのです。

弓を極めた紀昌が弓を忘れてしまったというわけですが、これは牛と自分が一体になったために牛を忘れてしまうというのと同じことなのでしょう。

さて、前置きはこのくらいにして、「忘牛存人」を読んでみることにしましょう。

●目標を達成したのなら、そのための道具は捨ててしまえばいい

「法に二法無く、」

法にはいろいろな意味があるということは前にお話ししました。ここでは「真理」という意味にとるのがよいだろうと思います。真理は二つあるわけではない。本当の自分を尋ねていくというけれども、本当の自分と本当でない自分と自分が二つあるわけではない、ということです。

「牛を且(しばら)く宗と為す。」

宗教の「宗」という字を書いています。これは今風に言えば「主題、テーマ」という言葉が一番ふさわしいだろうと思います。真理というものは本来二つあるわけではないけれども、道を求めていくために牛というものを仮に設けて、それを探すことを主題として説いてきたのである、と。

牛は仮に設けたものですから、牛の足跡を見つけて牛を探し求め、牛をつかまえて飼い馴らし、牛に乗って家に帰ったならば、もう牛は必要なくなるわけです。

「蹄兎(ていと)の異名(いみょう)を喩(たと)え、筌魚(せんぎょ)の差別を顕す。」

この場合の「蹄」は「ワナ」です。「兎」は「ウサギ」ですから、「蹄兎」はワナとウサギ。ウサギを捕まえるためにワナを仕掛けたのです。

次の「筌」も、竹などを編んで作った魚を捕る道具です。私も子供の頃、こういう竹で編んだワナを川に仕掛けて鰻を捕ったものです。「筌魚」とは、魚を捕る道具と魚ということです。

これは何を言っているのでしょうか。ウサギを捕まえたならばもうワナはいりませんし、魚を捕まえたならば魚を捕る道具はいりません。同じように、牛を探すというけれども、本当の牛に巡り合ったならば牛はもういらない、と言っているのです。

これについてお釈迦様は筏のたとえで説かれています。川を渡るのに筏が必要であったけれど、川を渡ったならば筏は必要ないから置いていきなさいというのです。それは当然なのですが、得てして人間は筏があったから川を渡ることができたのだからと、いつまでもその筏を持っていたがるものなのです。

しかし、いくら「この筏で自分は川を越えたんだから」といっても、お釈迦様の時代に筏を担いで山を越えることは不可能です。だから、川を渡ったら筏は捨てなさいとお釈迦様は言われたのです。

これは教えにとらわれてはいけないということを言っています。いつまでも牛というものにとらわれていてはいけない。目標を達成したならば、それは捨ててしまいなさいということなのです。

「金の鑛を出るが如く、月の雲を離るるに似たり。」

鉱石の中から金を取り出すと不純物はもういらないし、雲から冴え冴えとしたきれいなお月様が出たならばもう雲はいらない。

「一道の寒光、威音劫外。」

一筋のお月様の光が冴え冴えと澄み切っている。「寒光」はお月様の光を指します。「威音」とは過去の一番遠い昔に現れた仏様。「劫外」ですから、その仏様よりもさらに以前から。それほど遠い昔から今に到るまで、この月の光がずうっと透き通って照らしている。これは私たちの純粋なる命と言いましょうか、生命が誕生して以来ずうっと受け継いできた尊い命の灯火をこのように歌っているのでしょう。

この生命の尊さを見失ったがために様々な坐禅の修行や、本で学ぶようなことをやったけれども、本当に目覚めることができたならばそれはもういらない。道具は不要なのです。

●牛がいなくなり、自分一人でゆったり暮らす

「頌に曰く、

牛に騎って已に家山に到ることを得たり。」

牛に乗って故郷に帰ることができた。

「牛も也た空じ人も也た閑なり。」

牛はもういらないし、人もそこで静かに暮らしている。


「紅日三竿、猶夢を作す。」

「紅日三竿」もわかりにくい表現で、いろんな説があります。私自身が一番しっくりくるのは、「竹竿三本を接いだほどの高いところまで朝日が昇った頃」「昼時まで」という意味です。つまり、朝ゆっくりと眠っていたということを言っているのです。これは怠けて朝寝坊したわけではなくて、安らいでぐっすり眠っていたということです。


「鞭縄空しく頓く、草堂の間。」

牛を飼い馴らすために使った鞭も、牛に繋いでいた手綱も、もういらなくなった。「頓く」は捨ておくこと、捨てっぱなし、もう捨ててしまったということ。

そして草葺きのお堂に静かにこの人がいる、と。


次に和韻の頌を読んでみましょう。

和

欄内、牛の山より趁い出す無し。烟簑雨笠亦た空しく閑なり。行歌行楽、拘繋無し。贏ち得たり、一身天地の間。

「欄内、牛の山より趁い出す無し。」

欄干の中、つまり建物の中です。牛を追い出すようなこの小さな小屋の中に、もう牛は必要なくなった。

「烟簑雨笠亦た空しく閑なり。」

これまで牛を探していた間に使ってきた簑も笠も、もうみんないらなくなった。

「行歌行楽、拘繋無し。」

歌を歌い楽しみながら、心に何も束縛されるものがない。

「贏ち得たり、一身天地の間。」

「贏ち得たり」で「結果として……することができた、結果として……を得た」という意味になります。その結果、「一身天地の間」、この広い天地の間に自分一人の身がゆったりと落ち着くことができるようになった。

以上が十牛図七番目の「忘牛存人（ぼうぎゅうそんじん）」です。人と牛、つまり自分と自分の心が一つになると、もう牛は必要なくなった。心が解き放たれて、一人でゆっくりと暮らすことができるようになったという話です。

八、人牛倶忘

人牛倶忘序八

凡情脱落し、聖意皆空ず。有仏の処、遨遊することを用いず。無仏の処、急に須らく走過すべし。両頭に著せずんば、千眼も窺い難し。百鳥花を含む、一場の懡儸。

頌に曰く、

鞭索人牛尽く空に属す。碧天寥廓として信通じ難し。紅炉焔上、争か雪を容れん。此に到って方に能く祖宗に合う。

●「人牛倶忘」――牛も人もいなくなった一円相の世界

十牛図七番目の「忘牛存人」では牛がいなくなりましたが、八番目の「人牛倶忘」になると、今度は人もいなくなってしまいます。牛も人もいなくなった世界。これを一円相、空の世界と言います。絵を見ていただければわかりますように、ただ一つの円によって表されるような世界です。

この一円相について、笑い話があります。十牛図を説くために先代の管長がある絵描きさんに十枚の絵を描いてもらったのです。プロの絵描きさんですから、もちろん一枚いくらということでお礼を支払いました。ところが、先代の管長はそのときに、冗談半分で「八枚目の絵は丸以外に何も描いていないから、その分は安くならないのか」と言ったのです。

でも、そう言われた絵描きさんも負けていませんでした。「管長、おそれながらどの絵も一枚で描き上げることができました。しかし、この円相は一番難しかったのです。一筆で円を描くのに、五枚十枚と紙を使いました。むしろその分、上乗せしていただきたいくらいでございます」と返したのです。

この円相を見るたびに、私はそんな笑い話を思い起こします。

では、一円相で描かれた世界とは何を表しているのでしょうか。まず「人牛倶忘」の漢文を読んでみましょう。

●何ものにも偏らない、何ものにも執着をしない

「凡情脱落し、聖意皆空ず。」


「凡情」というのは「迷いの心」を指します。迷いの心がすっかり抜け落ちてしまった。煩悩や貪りの心や愚かな心がなくなった。それが「凡情脱落」です。

でも、迷いの心がなくなって悟りの心だけが残っていると、これもまた迷いを生み出す原因になります。特に「自分はこんな悟りを得たんだ」と言い出すと、これはかなり危ないと言えるでしょう。自分は解脱をしたなどと言うのは間違いのもとです。

修行の恐ろしさは、常にこれが付きまとうことです。修行した結果、高い心境になるのは事実と言っていいでしょう。しかし、悟りを得たことが執着になるのです。「お前は悟りを得ていないではないか。俺のような体験をしろ。体験をしていない者はだめだ」などと言い始める。すると、その悟りがまた迷い苦しみを生み出してしまうのです。

ですから「聖意皆空ず」ということが重要なのです。「聖意」の「聖」は「凡」の対語です。「迷い」の対語ですから「悟り」になります。「聖意皆空ず」とは、悟ったものも皆空っぽになっていく、ということなのです。

この空になる修行は、永遠に続いていくものでなければなりません。ここで得た、悟ったんだといって同じ場所に留まってはならないのです。

「有仏(うぶつ)の処、遨遊(ごうゆう)することを用(もち)いず。」

浄土教の人であれば、「有仏」、仏様のいらっしゃる極楽の世界に憧れるのでしょう。けれども、禅の場合は仏様のいらっしゃるような素晴らしい世界に「遨遊」、遊んでいるようなことも、またとらわれになるとみなします。だから、そんなところに行ってもさっさと帰ってこいというのです。

「無仏の処、急に須(すべか)らく走過(そうか)すべし」

そうかといって仏様のいない世界、この迷いの世界に留まっていてもだめです。何ものにもとらわれない、何ものにも偏らない、何ものにも執着をしないということをどこまでも求めていくことが大切なのです。

「両頭に著せずんば、千眼も窺い難し。」

「両頭」とは、迷いと悟り、有仏と無仏といった二つの世界を指します。十牛図でいえば、人と牛、理想と現実、本当の自分と今の自分なども「両頭」でしょう。そういうふうに二つにとらわれてしまうから迷い苦しみが起きるのです。

その二つにとらわれることがなくなったならば、そういうとらわれのない人の心境は「千眼も窺い難し」、どんな素晴らしい仏様であろうと、観音様のような素晴らしい方であろうと、容易にはかり難いというのです。

「百鳥花を含む、一場の懡儸。」

この一句は悟りに執着をすることの愚かさを教える「百鳥含花」という故事に由来しています。それはこんな話です。

牛頭法融という方が一人で坐禅をしていると、たくさんの鳥が花をくわえて飛んできて、その花を施してくれました。牛頭法融が非常に素晴らしい心境に達したので、鳥たちまでが感動して花をお供えしてくれたのです。ところが、その悟りの世界に留まっていると危険だというので、牛頭法融は四祖道信という方について、その素晴らしい悟りを捨てさりました。

悟りを捨てたところで初めて法を得たことになるのですが、四祖道信禅師にお目にかかった後は、一羽の鳥も来なくなってしまいました。鳥が来なくなったのは、牛頭法融が堕落したわけでも悪くなったわけでもありません。逆に、これでいいのです。ありがたいところに留まっているのは、それがまた執着になるので、むしろ一羽の鳥も来なくなったのはいいことなのです。

ですから、百鳥が花をくわえて飛んできたというのは、「一場の懡儸（もら）」、恥さらしだと言っているわけです。

よく舞台などを見ていても、あまり上手すぎて鼻につくような役者はダメだと言われます。そういう上手（うま）さというものも観客に感じさせないようになってこそ、本物と言えるのでしょう。

●心に理想の焔が燃えていれば雑念は瞬時に消えていく

「頌に曰く、

鞭索人牛（べんさくじんぎゅう）尽（ことごと）く空に属す。」

鞭は牛を飼い馴らすために使っていた鞭です。索は縄です。牛を飼い馴らすための鞭も、牛を繋ぎ留めていた縄もいらなくなった。人もなくなったし、牛もなくなった。全部皆、なくなってしまった。

「碧天寥廓として信通じ難し。」

そうするとカラっと晴れ渡った青空が広々と広がっているだけであって、音信を通ずる術も手段もない。つまり、言葉で表現することができない。

「紅炉焔上、争か雪を容れん。」

そういう心境を表す言葉に「紅炉上一点雪」という禅語があります。これは坐禅の修行をたとえる言葉でもあります。

非常に高い緊張状態で澄んだ心境になってくると、雑念が湧いてきてもほんの微かなうちに消すことができる。それはあたかも真っ赤に燃えた囲炉裏の上にひとひらの雪が落ちるようなもので、一瞬のうちにじゅっと消えてしまうというわけです。

しかし、そのためには紅炉の火が燃えていなければいけません。冷えきった炉であれば、埃であろうと雪であろうと、いくらでも降り積もってくるでありましょう。ですから、この空や無というのは、ただぼやっとした空や無ではなくて、本当に精神をきちんと集中させた上での空な状態、フラットな状態、とらわれのない状態です。そういう心境にあるときは、雑念や何かが湧いてきても、あるいは誘惑に駆られても、そんなものは一瞬のうちに消えてしまうというのです。

繰り返しますが、そのためにはやはり心の火が燃えていなければなりません。理想の焰を燃やしていなければなりません。そうでなければ、また埃が降り積もってしまうわけです。

「此に到って方に能く祖宗に合う。」

こういう心境になってこそ初めて禅宗の祖師方が伝えてきた真理の道に適って一つになるというのです。

もう一つ、和韻をした詩を読んで終わることといたしましょう。

和

慚愧す、衆生界已に空ず。箇の中の消息、若為が通ぜん。後に来たる者無く前に去くもの無し。未審誰に憑ってか此の宗を継がん。

「慚愧す、衆生界已に空ず。」

「慚愧」というのは心に恥じることですが、ここでは「かたじけない」「やれ嬉しや」「やれやれ」といった意味にとらえればいいでしょう。

次の「衆生界」は迷いの世界ですから、ここは「やれ嬉しや、もう迷いの世界は完全に消えてしまった」という意味になります。

「箇の中の消息、若為が通ぜん。」

こういう心境というものは、いったいどのようにしたら人に伝えることができようか。伝えることはできない。

「後に来たる者無く前に去くもの無し。」

あとに来る者もいなければ、先にゆく者もいない。これは往来の道の跡が絶えた様子を表しています。

「未審（いぶかし）誰に憑（よ）ってか此の宗を継がん。」

「未審」と書いて「いぶかし」と読みならわしております。このような心境に至ったならば、いったい誰がこういう心境を受け継いでくれるであろうか。

●一円相とは「充実した無」の世界

十牛図の八番目「人牛倶忘（じんぎゅうぐぼう）」は体験によって得られる世界です。何ものにもとらわれない、迷いの心にも引きずり回されることがない。そうかといって学んだ末に得た高い心境あるいは悟りの心境にとらわれることもない。その両方にとらわれることのない心境をここで達成することができた。それを一円相で表しているのです。

しかしながらこの一円相は、ここまで学んで到り得た末の一円相です。繰り返しますが、ただ単にぼやっとして何もないような一円相ではありません。

それを強いて言葉で表すとすれば、「充実した無」とでも言いましょうか。心気、気力が満ち溢れた無の状態です。私どもの禅宗では、そこに到ってからこそ大きな働きができるとみなしています。

私の敬愛する坂村真民先生は禅を学んで、四十代の頃に四国の宇和島の大乗寺に行って坐禅の修行を繰り返されていました。本当に無になるという努力を一所懸命されたのだろうと思います。
その真民先生の「柔軟心」という詩の一節にこうあります。

何もかも無くしたとき
何もかもありがたく
何もかも光り輝いていた

こうして本当に何もかもなくした無の状態になったときに、何もかもがありがたくなっていく。何もかもが光り輝いて見えるというのです。
そういう体験からこんな詩も生まれてきたのだろうと思います。「すべては光る」という詩の一節です。

光る
光る
すべては

光る
光らないものは
ひとつとしてない……

そしてまた、この何もないところを体験するからこそ、何もかもがありがたいということになるのです。今こうして坐っているだけでどれほどありがたいのかと気がつくのです。先に阿純章先生の「一人になって初めて一人でないことに気がついた」という言葉を紹介しましたが、ゼロになって、無になって、空になって、初めていかにありがたいのであるか、いかに多くのおかげをいただいているのか、いかに多くの恩というものに感ずることができるのかという心境になるのでしょう。

●何もなくなったところから、もう一度現実の世界へ

前にも述べたように、いろいろある十牛図の中には、牛を探し求めて、人も牛もなくなってゼロになったところで修行が完結したとするものもあります。しかし、私どもの禅では、そこで終わったのでは本当の生きた教えにはならないと考えます。

お釈迦様以来の仏教の伝統から言えば、輪廻という迷い苦しみの世界から解脱をすることをひたすら目標としていました。ところが、禅や大乗仏教が出てくると、それで終わってしまっては意味がないという考えが出てくるのです。

そこで終わるのではなく、もう一度この現実の世界に戻ってきて、この現実の世界の人たちと喜び、悲しみ、苦しみを共にしながら生きていく。あえて輪廻の世界、迷いの世界に、もう一度降りてくる。そうでなければならないという教えです。

これは禅、大乗仏教の一番大きな特徴です。そして、今ご一緒に学んでおります廓庵禅師の十牛図の大きな特徴でもあります。廓庵禅師の十牛図の第九、第十では、本当の意味での「願いに生きる」というような世界が出てきます。それがどういう世界なのか、次回の楽しみにさせていただきたいと思います。

第五講

無功用行の世界に生きる

返本還源序九……無の世界から有の世界へ還る

入鄽垂手序十……町に出て人々のために働く

●宗教、宗派を超えて行われた東日本大震災の合同慰霊祭

東日本大震災から今年（二〇一九年）で八年が経ちます。八年も経つと普段は忘れてしまうことも多いのでしょう。けれども、あの日のことを思い起こし、あの後の様々な出来事に思いを馳せることは、我々の務めと言っていいでしょう。

私どもの寺のある鎌倉では、あれ以来一つ大きな動きがございました。鎌倉にはたくさんの神社があります。一番有名なのはご承知の鶴岡八幡宮でしょうが、後醍醐天皇のお子様である護良親王をお祀りしている鎌倉宮という大きな神社もあります。それ以外にも大小たくさんの神社があり、それぞれの神社に宮司さん、神主さん、神官の人たちがいます。また、仏教の寺院は、あの狭い鎌倉におおよそ百ぐらいあります。各お寺には和尚さんたちがいます。それからキリスト教も、カトリック、プロテスタントのいろんな派の教会があります。神父さん、牧師さん、司祭さんたちも大勢いらっしゃいます。

鎌倉では、そういう宗教関係者が一堂に会して、震災が起こった三月十一日に合同で祈りを捧げる慰霊祭を行うようになりました。震災についての慰霊法要は日本全国でやっていると思います。しかし、市町村の主催でやると、どうしても無宗教でやらざるを得ない

でありましょう。宗教や宗派が行うにしても、それぞれが別に行っているのではないでしょうか。よくいっても宗派を超えて仏教が一つになるというぐらいのことはあると思いますが、神道も仏教もキリスト教も一緒に祈りを捧げる合同の法要をしているところは鎌倉ぐらいしか私は知りません。

そのきっかけとなりましたのは、震災の前年の三月十日に鶴岡八幡宮にある大銀杏の大木が突然倒れてしまったことでした。あの大木はご神木であり、鎌倉のシンボルのような木でしたから、宮司さんのショックははかり知れないものがありました。そんなときに若い和尚さんたちが集まって、倒れた銀杏にお経を読んだのです。それが宮司さんにとっては大変な励ましになったといいます。

そこで震災の後も、鶴岡八幡宮の宮司さんが中心になって宗教や宗派を超えた催しが実現することになりました。本当の祈りというものは宗教の違いや教義の違い、教えの内容の違いを超えて通じ合うものがあるのではないか、真実の祈りは共鳴するものなのではないかという理念のもとに、それぞれの宗教が別々にやるのではなく、まず一つになったらどうかという動きになったのです。

なにせ鎌倉という町は鶴岡八幡宮が一番中心的な存在です。その八幡宮の宮司さんに号令をかけていただいたことで、仏教の寺院もキリスト教の皆さん方も簡単に一つにまとまりました。それ以来、毎年、合同の法要をするようになったのです。

ただし、法要を行う場所は、鶴岡八幡宮でやったり、お寺でやったり、キリスト教の教会でやったり、持ち回りにしています。震災の年から始めましたから、合同法要は今年で九回目になります。神社、仏教の寺院、教会と、それぞれの場所で三回ずつ行ったことになります。

今年はカトリック教会で行いました。十字架の下に、鶴岡八幡宮の宮司さんをはじめとする鎌倉市の神主さんも我々も集まりました。神主さんは神主の格好をして、我々は袈裟を着て、皆で心を一つにして祈りました。震災が機縁となって、私たちは教えの違いを超えて通じ合うことができるということを学ばせていただきました。

●違いはあっても一つに通じ合うのが「色即是空」の世界

宗派が違う、儀式が違う、団体が違うというのは現実の世界です。般若心経で言えば「色」の世界です。でも、お互いに何かそういうものを超えて通じ合うものがある。震災で亡くなった人のことを追悼する、その気持ちはみな同じでしょう。そして被災地が一日も早く復興してもらえるように祈る、これも皆に通じることでしょう。この一つに通じる心を「空」の心と言うのでしょう。境目がない、隔たるものがない世界です。

今お話しした祈りにしても、皆が皆、同じ格好をするわけではありません。神主は神主の格好、坊さんは坊さんの格好、キリスト教の方はキリスト教の格好です。また、それぞれ唱えるものは神道の方々は「たかまのはらにかむづまります……」という大祓の祝詞ですし、我々はお経を唱えますし、キリスト教の方は「慈しみ深き」というあの讃美歌を歌います。このようにそれぞれ違うのですけれども、一つに通じ合う。これが「空」の世界なのです。すべてを同じにしてしまうわけではない。それぞれ違いがありながら、そこに通じ合う心は同居しているわけです。

すべてを統一してしまおうとすると大変な労力もかかりますし、不可能に近いのではなかろうかと思います。だから、それぞれがそれぞれの「色」の世界、つまり、それぞれの格好をしながら、それぞれの経典を読みながら、「空」の世界では皆が一つに繋がっている。他を否定して「色」の世界を全部一つにしようとするのでなく、それぞれの姿がありながらお互い一つに融け合い、通じ合うものがあることを認め合うのです。

我々は「色即是空」ということをよく言うのですが、この「即」というのは「そのまま」という意味です。「色」の世界と「空」の世界は「即」、同居することができるものであるというのが、般若心経や仏教の教えなのです。

この合同の慰霊法要を行ってみて、キリスト教の方ともお互いに通じ合うことができると感じました。最初にお寺でやったとき、私どもはキリスト教の方たちに気を使って、「ご本尊の前には何か幕でも掛けたほうがよろしいでしょうか」とお尋ねしましたが、「いや、大丈夫です。私たちはその前で祈ります」とおっしゃってくださったのです。

震災で多くの方がお亡くなりになり、多くの方が今もなお大変な思いをしているということは重く受け止めなければなりません。しかし、それを契機にして私たちは何に気がついていくのか、これからどういう生き方をしていくことができるのかを考える、これも忘れてはならない大事な視点だと思います。その一つとして、違いを超えて皆が通じ合える「空」の世界があるということに、我々は気づかせていただいたのです。

さて、十牛図の九番目「返本還源」では、この「空」の世界を経て、新たな世界が開けてきます。早速、読んでいきましょう。

九、返本還源

返本還源序九

本来清浄にして、一塵を受けず。有相の栄枯を観て、無為の凝寂に処す。幻化に同ぜず、豈に修治を仮らんや。水緑に山青くして、坐に成敗を観る。

頌に曰く、

返本還源、已に功を費す。争か如かん、直下に盲聾の若くならんには。
庵中には見ず、庵前の物。水は自から茫茫、花は自から紅なり。

●「返本還源」——「空」の世界から「あるがまま」の世界へ

一つに通じ合える「空」の世界が、十牛図第八番目の一円相の世界でした。皆が通じ合える「空」の世界を十牛図では一円相で表したのです。

すでに触れたように、一口に十牛図と言っても様々なものがあります。今、一番流布している廓庵師遠禅師の十牛図ができるまでには幾多の変遷がございました。最初の頃の十牛図には完全な「空」の世界、一円相になって完結するものもありました。しかしそれでは十分ではないとして、そのあとに「返本還源」と「入鄽垂手」の二つを付け加えたのが廓庵禅師の十牛図の大きな特徴でした。

この二つを加えたことにより、「空」の世界が「色即是空空即是色」へと進展していくのです。また、般若心経に「空即是色」が詠われておりますように、「空」の世界であるからこそ、そこに「色」の世界がある。つまり、すべてのものがそのままにありありと現れることができるのだというのです。

よく「あるがまま」というようなことを言いますが、空の世界を通してこそ初めてあるがままの世界を味わうことができるのです。これが、これから学ぶ十牛図の九番目「返本還源」の話です。

それでは、内容を考察していくこととしましょう。

●本来の心には一片の汚れもついていない

「本来清浄にして、一塵を受けず。」

これは前回の一円相の世界を思い浮かべていただければいいでしょう。全く空の状態。とらわれもこだわりも抜け落ちた、きれいな円相の世界です。

十牛図の場合、まず本来の自己を見失って自己を探そうとします。そこで道を求める心を起こすわけです（尋牛）。そして、最初に牛の足跡を見つけました（見跡）。それは経典や書物や語録のような古人の説かれた言葉を手がかりに、本当の自分を求めていこうとする姿を示しています。

次にようやく牛の尻尾をちらっと見ることができました（見牛）。そこで今度はこの牛をつかまえようとします（得牛）。しかし、つかまえてはみたものの、心がまだ野性のままで、貪りの心や怒りの心のままに暴れてしまいます。だから、その暴れる心に縄をつけて、鞭を打って、ようやく飼い馴らしていくのです（牧牛）。

そうやって野性の気ままな心を調えると、牛に乗って本来の家に帰っていくことができるようになりました（騎牛帰家）。ようやく牛を飼い馴らしたのです。

家に帰ってみると、もう牛に見立てて自分の本来の心を表す必要はなくなります。二つが一つになって、自分が自分の家の中で安らいでいられる状態になりました（忘牛存人）。さらに進むと、今度は牛も人もいなくなってしまいます（人牛倶忘）。これが「空」の世界です。本来の清浄無垢の世界に辿り着いたのです。

そして今回の「返本還源」に到るわけです。ここでまず注目をしたいのは「本来」という言葉です。今お話ししたような階梯を踏んでくると、道を求める長い修行の過程を経て、ようやく一円相の世界、空の世界に到ることができるように思われます。けれど、大事なことは、その心というものが我々の本来であると気づくことです。本来の心は最初から自分の内にあったのですが、それを見失っていたがために、随分と回り道をすることになったのです。

「本来清浄にして、一塵を受けず」はそれを表しています。私たちの心の本体は、ようやく十牛図の八番目で気がついたような一円相のような素晴らしいものなのですが、それはもともとそうだったのです。本来の心には一かけらの汚れもついてはいなかったと言っているのです。

昔の人は様々なたとえ話を使って、このことを表現しています。たとえば、きれいな水晶玉にはいろんなものが映ります。その水晶玉がどんな泥の中に浸かっていたとしても、水晶玉そのものには何の汚れもつきません。これも素晴らしいたとえだと思います。

よく「俗世間に長くいて私の心はすっかり汚れてしまって、なかなかその汚れが取れません」と言うのを聞くことがあります。しかし心の本来性というものは、足袋の汚れや着物の襦袢の襟の汚れなどとは違います。これらは確かに染み付いたらなかなか取れにくいのですが、心の汚れはそうではありません。堀澤祖門先生の言葉を借りるならば、それは「泥仏」のようなものです。我々は本来仏なのですが、それが泥を被っていて汚れている。しかし、その泥汚れは、ちょっと水でも掛ければすっかり落ちて、中の仏に泥は全く染み付いていないのです。

私が若い人にわかりやすいようによく喩えさせていただくのは、映画です。映画を見ている間は、その世界の中に自分も没入しているでしょう。悲惨な戦争映画を見れば、自分もその戦争の中にいるような気がして、自分の体まで傷ついて痛みを感じるような思いをします。しかし、映画が終わってしまえば、スクリーンには血の一滴も付いているわけではありません。爆撃されて朦々と埃が立つようなシーンがあったとしても、スクリーンには穴一つ開いていません。

我々の心の様子も、本来そういうものなのです。昔の人が自分の心を見つめて修行した結果として言っているのは、本来性というものは少しも損なわれることはないということでした。それは足袋や襟に汚れが染み付くのとは次元が違うのです。我々がいくら苦しい思いをして、自分の心が汚れてしまったと思ったとしても、それは映画が終わればスクリーンの上に全く痕跡は残っていないように、きれいなままでそこにあるのです。

本来の心の清らかさは、どんなことを経験しようが、どんな中にいようが、「一塵を受けず」で、清らかなままなのです。これがお釈迦様の悟られた仏心の世界です。

我々はそのような仏心をもともと持って生まれてきているのです。

●「色」の世界と「空」の世界はいつも同居している

「有相の栄枯を観て、無為の凝寂に処す。」

そういう心のあり方に気がついたら、「有相の栄枯を観て、無為の凝寂に処す」ことができるようになるというのです。難しい言葉ですが、前半の「観有相之栄枯」とは、映画のスクリーンの世界だと思えばいいでしょう。「有相」つまり姿形があるわけです。「栄枯」ですから栄枯盛衰があるのです。戦いがあって勝ち負けがあるような世界をそのままに見る。それは映画の映像をスクリーンで実感を伴って見ているようなものです。

これは「色」の世界です。しかし、同時に「空」の世界でもあります。映画が終わればスクリーンが変わらず清らかであることはもちろんわかるのですが、映画を上映している最中であってもスクリーンそのものは清浄のままです。つまり、「色」と「空」が同時に起きているわけです。この同時性が「即」なのです。

これは世間の様子にもそのまま当てはまります。自分が感じている「つらいなあ、苦しいなあ」という現象がなくなるわけではありません。しかし、そんな自分を見ながら、心の本体の清らかさは同時にそこにあります。それが同時に存在していることに気がつくために、時にスイッチを切ることが大切なのです。映像のスイッチを切ればスクリーンが清らかであることがわかるように、頭のスイッチを切り、感情のスイッチを切れば、本来の心には塵も埃も穢れも汚れも染みもなかったんだということに気がつきます。それが「無為の凝寂に処す」ということです。

「無為」というのは「つくりものではない」という意味です。これが本来性の心を表しています。清らかな心は何か修行をしてつくり上げると思われるかもしれません。しかし、そうではないのです。作り上げたものは、残念ながら壊れるものです。作るということは壊れることと同じなのだというのが仏教の見方です。

でも本来性の心とは持って生まれたもので、誰かがつくったものではありません。作り事ではない。初めから具わっているものなので、滅びようもないのです。そういう心が私たちの本体です。「無為の凝寂に処する」とは、その静かなる心に安住することができるということです。

ですから、そこには「色」の世界と「空」の世界が同居しているわけです。ところが、「色」の世界だけを見ていると、なかなかそのことに気がつきません。そこで、時に映画の画像を消してみるように頭や感情のスイッチを切ってみる。すると、本来の心の静けさが失われていない、損なわれていないということに気がつくわけです。

理想は、獅子奮迅（ししふんじん）の働きをしながら、それでいて心の静寂さも同時に感じることができるということです。それが私たちの目指している修行です。現実の世界から逃避して、どこかの山の中で自分だけが心静かにしておればいいのだという、そういう教えではない。どこまでも現実の中にして、決して現実を否定せず、そこで旺盛に働きながら、しかも心の静寂さは失われていない。そういう境地を目指しています。

そうなるために、最初はスイッチを切るという修行を間間に入れていく。すると、だんだんと気がつくことができるようになるのです。

●本来の心は完成されたまま私たちに具わっている

「幻化に同ぜず、豈に修治を仮らんや。」

「幻化」というのは、この世の中の様子を言っています。この世は幻のようなものだと言っているのです。大事なのは、その幻の中に自分が同化してしまわないことです。自分の中に、その幻を見ているもう一人の自分がいると気がつくことです。

マインドフルネスの実践者で精神科医でもある熊野宏昭先生と対談をさせていただいたとき、統合失調症への対処が話題になりました。統合失調症は大変に難しい病で、妄想が膨らんでいって自分を制御できなくなってしまうのです。その結果、突然に人を殺めてしまうような事件も起きています。だから我々は、統合失調症の方には坐禅をご遠慮いただいています。皆で坐禅をしているときに被害妄想が起きて周りに危害があると大変だからです。

ところが、熊野先生は「マインドフルネスは統合失調症の方にも大きな効果がある」と言われました。思わず「本当ですか」と聞き返してしまいました。そんなことがあるのかと疑問を感じたのです。「マインドフルネスによって妄想がなくなるのですか」という私の質問に、熊野先生はこう答えました。「妄想は残念ながらなくなりません。でも、これが妄想だとわかるようになるのです」と。妄想だとわかる自分が育つことによって、「これは妄想だ」と気がつくということなのです。なるほどなぁ、と思いました。

「これは妄想だ」と気がつくというのは、世間は幻だと気がつくというのと同じです。それは映画のスクリーンのような本来の自己、空なる心の働きです。幻であると気づく自分になるということです。

次の「豈に修治を仮らんや」ですが、「修治」とは修行修養をして様々な迷いや妄想を治めていくということ。「仮らんや」ですから、仮る必要がない。そういうことをする必要がないと言っているのです。

なぜならば、本来の心は完成されたまま私たちに具わっているからです。それは修行によって付け足されるようなものではないのです。本来の清らかな心に目覚めたならば、私たちはそこで初めて外の世界をありのままに見ることができるのです。

●仏の眼から見たら敵も味方も変わりない

「水緑に山青くして、坐(いなが)らに成敗を観る。」

水、川の流れ、あるいは深いきれいな湖は、水を湛えて青々と澄んで見えます。山の木々も、新芽を吹いて青々として見えます。「坐」は「いながらに」という珍しい訓読をしていますが、「今この場にいながらにして」ということ。「成敗を観る」、つまりこの世の中の成功と失敗、生まれてきたり亡くなったり、現れてきたり滅んでいったり、そういう栄枯盛衰の様子を自然と眺めることができるようになる。

この間、北条時宗公が元寇で命を落とした日本の兵と元の兵を分け隔てなく弔うために建立されたのが円覚寺だったという話をしていて、仏の眼ということに触れました。元寇の戦いを仏様の眼から見たらどうなのかということなのですが、実はここに仏教の大事な視点があります。それは「怨親平等」という言葉です。敵も味方も同じなのだという意味の言葉です。時宗公はこの「怨親平等」の精神に基づいて、敵も味方も同等に慰霊したのです。

これはキリスト教の「汝の敵を愛せよ」というのとはちょっと違います。「汝の敵を愛せよ」というのは大変です。本当に憎くて憎くて、やっつけてやりたいのに、それを超えて愛せよというのですから、大変な労力が求められます。この「汝の敵を愛せよ」という場合、視点はどうしても自分にあります。これは自分と憎い相手がいて、自分の抱く激しい憎しみを超えるように努力をしましょうと言っているのでしょう。

仏教の「怨親平等」は、その視点が違うのです。この平等というのは、自分ではなく仏様の眼から見た有り様なのです。仏様の眼から見たら敵も味方もないよ、と言っているわけです。

それを表しているこんな歌があります。

「慈悲の目ににくしと思ふ人あらじ科のあるをばなほもあはれめ　罪ある身こそなお哀れなり」

仏様の眼から見たならば、誰も皆同じようなものだというのです。

今のような国際情勢ですと、そう暢気(のんき)なことは言っていられないと言われるかもしれません。しかし、どんな状況にあったとしても「どちらも同じようなもの」という「怨親平等」の観点を持つことは大事なのではないでしょうか。

たとえば我々でも、猿山で猿がボスの座を争って抗争をしているのを見るときは、あたかも仏の眼で見るように見ることができるでしょう。どちらの猿が勝とうが別段大した問題ではないからです。だから「ああ、喧嘩しているな、あの猿はいつも確かに乱暴で悪いところがあるけれど、気の毒なところもあるんだよな」というように大きな眼で見ることができるのです。

自分と他人との関係についても、そうやって視点を高めていくようにすればいいのです。

自分と他人との関係にとどまらず、あらゆることを高いところから見ていくようにすればいいのです。それを仏教思想の中では「華厳の世界」と言っています。

華厳の仏は、この大宇宙を覆い尽くしている仏です。それを毘盧遮那仏といいます。奈良の大仏を盧舎那仏と呼びますが、それは広大な仏の姿を表そうとしているからです。奈良の大仏は確かに大きな仏です。けれども、本当の盧舎那仏はあの程度の大きさではありません。この大宇宙を包んでいるような大きさを持つ仏様なのです。

そういう大きな視点からこの世界を見たならば、敵だの味方だのと騒ぐことはない。この「坐に成敗を観る」というのは、そういう見方です。仏の眼に近いところがあると思います。

そうかといって、この現実を離れてどこかに行こうという話ではありません。繰り返して言っておりますように、我々がいるのは「色」と「空」とが同居する世界です。この現実の世界で働きながら、時には憎しみも抱きながら、同時に仏の眼も持っているという生き方をしたいのです。

そんなことができるのかと思うかもしれませんが、それが「色即是空」の世界なのです。映画を見ながら、それでいてスクリーンが静寂なままであると知ることは、決して不可能ではないと思います。現実で「こんちくしょう」と思うようなこともありながら、もう一つ高い次元で自分を見ていく眼を養っていく。これはどんな世界においても大事なことであろうと思います。

世阿弥が「離見の見」という言葉で言ったのは、そういうことだったのではないかと思います。確か柳生新陰流だったか、視点を高くしていく、眼を高くしていくという修行があるというのを聞いたことがあります。それは仏の眼、仏の眼差しを自分のものにしようということにも通じるものがあります。

●無の世界を体験して現実に戻るからありのままの世界が見える

「頌に曰く、

返本還源、已に功を費す。」

皆、本来のところに還ってみれば、「なんと今まで随分苦労してきたことであったなぁ」と気がつく。今まで随分苦労してようやくここまで辿り着いたのですけれど、しかしこれはあるがままの世界であって、もとの世界でもあるわけです。

最初の「尋牛」についていた絵に自然の景色が映っていました。そこに童子の姿が一緒に描かれていました。しかし、十牛図の九番目「返本還源」までやってきてみると、それは最初の世界と何ら変わりはなかったのです。

禅の修行とは有の世界から無の世界に行って、無の世界からもう一度有の世界に還るのだとやかましく言います。それはもとの世界に返ってくるということなのです。

「争(いかで)か如(し)かん、直下(じきげ)に盲聾(もうろう)の若(ごと)くならんには。」

「盲聾」は、眼が見えない、耳が聞こえないことから転じて、「外の世界を見ない、外の世界に耳を貸さない」ことを意味します。これは悪い意味で言っているのではなく、無心のたとえです。無心になって何も見ない、何も聞かないということです。それなら最初から無心のままでいたほうがよかったのではないかと言っているのです。

「庵中には見ず、庵前の物。」

庵の中に人がいます。その庵に窓があります。六根という六つの窓が開いているのです。眼でものを見る窓、耳で音を聞く窓、鼻で匂いを嗅(か)ぐ窓、舌で味わう窓、体で感じる窓、意識であれこれ思う窓と、様々な窓があります。しかし、時には坐禅をするときのように窓をすべて閉じて、見ようとしない、聞こうとしない、嗅ごうとしない、舌で味わうこともしない、体で感じることもしない、意識であれこれ思うこともしない。

この句はそういう無心の世界、空の世界を表しています。窓を全部ピシャっと閉じてしまえば、庵の前にある景色は全く見えない状態になるということです。


「水は自から茫茫（ぼうぼう）、花は自から紅なり。」


しかし、繰り返しますが、そこに留まるわけではないのです。この「庵中には見ず、庵前の物」は、今まで学んできた十牛図でいえば八番目の一円相の世界です。しかし、そこに閉じこもっていてはいけないのです。

無心の世界にいればこそ、サッと窓を開いたならば今まで以上に自然が鮮やかに見えてきます。水はきらきらと輝きながら広々と広がっていて、紅色に咲く花の鮮やかさがより一層この眼に映ってきます。今までも青々とした山を見、咲く花を見れば、ああ、きれいだなと思ったかもしれません。しかし、一度無の状態を通して見ると、その鮮やかさがより一層目に迫ってくるのです。

これは何においてもそうだと思います。舌で味わうことにしても、時には何も味わうこともしないという状態をつくると、より感覚が敏感になって、ほんの僅かな味わいに感動することができます。有の世界から無の世界を体験して、もう一度有の世界に還ってみると、このありのままに現実をありありと感じることができるのです。それが「返本還源」、本に返り源に還るという世界です。

●海に沈んだ太陽も明くる朝には再び昇ってくる

和韻して作った詩を読んでみましょう。

和

霊機、有無の功に堕せず。見色聞声（けんしきもんしょう）、豈に聾を用いんや。昨夜金烏（きんう）、飛んで海に入り、暁天、旧（ふる）きに依って一輪紅なり。

「霊機、有無の功に堕せず。」

「霊機」は不思議なはたらきを表しますが、すぐれたはたらきを具えた者と解釈することもできます。ここでは後者の意味で、優れた働きをすることのできる者は有るとか無いとか、成功したとか失敗したとかいうような現実の「色」の世界に堕ちてしまうことはない、と言っています。そんなことで一喜一憂して落ち込んでしまうようなことはないということです。

「見色聞声、豈に聾を用いんや。」

ものを見たり、外の声を聞いたりするけれども、それが「豈に聾を用いんや」、どうして無心の状態を用いる必要があろうか、ありはしない。

ここまで来ると、あるがままにものを見、あるがままに鳥の声や外の声を聞くことができるのです。

「昨夜金烏、飛んで海に入り、暁天、旧きに依って一輪紅なり。」

先ほどから禅の修行は有の世界から無の世界になり、無の世界からもう一度有の世界に生きることだと繰り返していますが、それを禅語ではこういう表現をします。

「金烏」は、お日様、太陽です。昨日の夕暮れ時、お日様が海に沈んでいった。これは有の世界から無の世界になったことを表現しています。しかし、それで終わりではなくして、「暁天」、明くる朝になると、昨日と同じように赤々と太陽が昇ってくる。無の世界から有の世界に出てくる、ということを歌っています。

誰の作かわかりませんが、

「灯火の消えて何処にゆくやらん　暗きはもとの住処なりけり」

という昔から伝わっている歌があります。「灯火が消えてどこにいるのか。灯火が消えたら真っ暗になるけれども、その真っ暗なのが本来の有り様なのだ、本来の住処なのだ」という歌です。

しかし我々の禅の修行では、暗いところに留まっているようではいけないというのです。そこで、下の句の「暗きはもとの住処なりけり」を書き換えなさいという禅の問題があります。どういうふうに書き換えるかと申しますと、たとえば山本玄峰老師はこういうふうに説かれました。

「灯火の消えて何処にゆくやらん　旭となりて明日を照らさん」

日はまた昇るという世界を説いているのです。もう一度お日様として光り輝く世界に出てこなければならないと言っているのです。

有の世界から無の世界に往き、無の世界からもう一度有の世界に還るとはこういうことです。これが十牛図の九番目「返本還源」の指し示す世界です。

では、もとの世界に返ってきたら、今度はそこで何をするのか。それが説かれているのが十牛図の十番目「入鄽垂手」です。

十、入鄽垂手

入鄽垂手序十

柴門独り掩って、千聖も知らず。自己の風光を埋めて、前賢の途轍に負き、瓢を提げ市に入り、杖を策いて家に還る。酒肆魚行、化して成仏せしむ。

頌に曰く、

胸を露わし足を跣にして鄽に入り来たる。土を抹し灰を塗って、笑 腮に満つ。
神仙真の秘訣を用いず。直に枯木をして花を放って開かしむ。

●「入鄽垂手」――山の中から町に出て、救いの手を差し伸べる

まず「入鄽垂手(にってんすいしゅ)」の「鄽」という字ですが、これは「町」のことを言っています。山の中に対する町、現実の世界です。町に入って「手を垂れる」、救いの手を垂れていく。人々に自分から手を差し伸べていくのです。自分だけが悟りを得て納得するのではなくて、坐禅で印(いん)を組んでいた手をほどいて、人々のために手を差し延べる。

これが「入鄽垂手」の表す世界です。仏像などを見ると、手を差し伸べているような形をしたものがあるのがわかると思います。あれが垂手です。手を差し伸べてあげる。

「柴門(さいもん)独り掩って、千聖(せんしょう)も知らず。」

「柴門」は「柴の庵」。柴の庵に独り住んで、「千聖」、仏様たち、悟った人たちにも窺い知れぬような高い心境に達したと言っています。このような境地に達することは確かに大事です。でも、そこに留まっていてはいけないのです。

「自己の風光を埋めて、前賢の途轍(とてつ)に負(そむ)き、瓢(ひさご)を提(さ)げ市に入り、杖を策(つ)いて家に還(かえ)る。」

「自己の風光を埋めて」というのは、高い心境に達していながら本来の自己の素晴らしい光をわざと隠すということ。「韜光晦迹」という言葉があります。「和光同塵」とも言います。あるいは昔は「燻銀のような」というようなことを言いました。キラキラ光る本当の心は清浄なものだけれども、わざとその光を隠すのです。

そして「前賢の途轍」にわざと背く。この「前賢の途轍」とは、昔の優れた祖師方の歩んできた素晴らしい行いです。具体的には山の中に籠もって俗世間を離れて暮らすようなことを指しますが、そのような昔の聖人君子のような生き方には敢えて背いて、酒徳利を引っ提げて町の中に入っていく。そして、杖をついて町の中にある家に自分も還っていく。

「酒肆魚行、化して成仏せしむ。」

「酒肆」は酒屋さん、「魚行」は魚屋さんです。酒屋さんに行ったり魚屋さんに行ったりしたというわけです。私どもも袈裟を着ているときには酒屋さんや魚屋さんに行くことはできないのですが、こういう特別な格好をするのではなくて、世間の中に入っていって普通に酒屋さんにも行くし、魚屋さんにも行く。

そして、そこの人たちと同じように、時にはお酒でも酌み交わしながら自然と応対をしていくうちに「化して成仏せしむ」。知らず知らずのうちに、周りの人たちにも本来の心に気づかせていくのだというのです。

これが「入鄽垂手」というあり方です。

●修行の最終目的は人々の役に立って働くことにある

「頌に曰く、」

そんな様子を頌に歌いました。

「胸を露わし足を跣にして鄽に入り来たる。」

「胸を露わし足を跣にして」ですから、きちんとした身なりではないということです。着物もはだけたような様子で、足も素足のまま町の中に入っていく。

「土を抹し灰を塗って、笑腮に満つ。」

敢えてそんな薄汚れた格好をしながらも、しょんぼりとしていない。うちひしがれた様子ではない。むしろニコニコと満面の笑みを浮かべている。

これは以前、よく水戸黄門をたとえに出して説明したことがあります。テレビドラマの水戸黄門は、越後のちりめん問屋のご隠居光右衛門を名乗って、どんな町へも出かけていきます。自分は天下の副将軍という自信がありますから、どんな格好をして、どんな町に行っても、時にはわざと捕まって牢屋の中に入っても平気にしています。それは自分が本来の黄門であるということに気がついているからです。

「土を抹し灰を塗って、笑腮に満つ」というのも同じです。自己の本来の心に気がついていれば、どんな格好をしていても気にすることはなく、微笑んでいられる。それが本当の自信というものでしょう。

「神仙（しんせん）真の秘訣を用いず。」

これは「真秘の訣」と読む場合と「真の秘訣」と読む場合の二通りがあるようです。ここでは「真の秘訣」と読んでおきますが、意味としては大差ないと思います。神仙、つまり仙人になるような、不老不死になるような修行をする必要はないということです。この世界を離れて仙人の世界に行こうとする必要はないのだと言っています。自分たちはどこまでもこの現実の世の中に還っていくのだというわけです。

「直に枯木をして花を放って開かしむ。」

これはまさしく花咲か爺さんの世界です。この現実の世界に還っていって、枯木に花を咲かせましょうということです。心が枯れてしまっている人、打ちひしがれている人たちに、花を咲かせてあげましょうよ、と。

そのために山を下りて町の中へ入っていくのです。これが修行の最後に目指すところなのだと言っているのです。

和韻も同じようなことを詠んでいます。

和

者の漢、親しく異類より来たる。分明なり、馬面と驢腮と。
鉄棒を一揮して風の疾きが如く、万戸千門尽く撃開す。

「者の漢、親しく異類より来たる。」

「者の漢」とは「この男」。「入鄽垂手」には布袋さんとして描かれています。布袋さんは立派な聖人君子のような姿ではありません。文字通り胸もはだけて、大きなお腹をでーんと出している。一見するとあまり聖者らしくない姿です。まさしく「異類より来たる」、畜生界より来たのではないかといった格好です。

布袋さんは、まるで畜生の世界からでもやって来たようなもののように見えます。

「分明（ふんみょう）なり、馬面と驢腮（ろさい）と。」

まるで馬のような顔をしている。「腮」は「顎」という意味ですけれども、「驢腮」でもって「驢馬の顔」という意味になります。まるで馬や驢馬のような顔をしているではないか。

「鉄棒を一揮して風の疾きが如く、万戸千門尽く撃開す。」

鉄棒を一振りすれば、強い風が吹くような勢いで万の家の戸、千もの門をいっときに開くような働きがある。

そういう大きな力があるのだということです。

●無心になって初めて真の愛情が湧いてくる

十牛図の八番目で空の世界について話をしました。その次には、空の世界から「水は自から茫茫、花は自から紅なり」という現実の世界がありありと現れる、無心になればこそありありと外の世界が現れるのだということを学びました。では、そこからどうやってこの「入鄽垂手」のような思いやり、慈悲の心に繋がっていくのでしょうか。このへんがよくわからないと聞かれることがしばしばあります。

それを西田幾多郎（きたろう）先生は『善の研究』の中で、次のように表現されています。

「我々が物を愛するというのは、自己をすてて他に一致するの謂（いい）である。自他合一、その間一点の間隙なくして始めて真の愛情が起るのである。」

自分を空にし、自分を無にして、あの一円相のような心になって始めて真の愛情が起こるというのです。空や無からどうして慈悲が起こるのかと疑問を持つ必要はない。空や無の心だからこそ本当の愛情が起こるのだと言っているのです。

それを西田先生は次のように表現しておられます。

「我々が花を愛するのは自分が花と一致するのである。月を愛するのは月に一致するのである。」

一円相の世界になると、花を見るとまるで自分がそこに咲いているかのように感じる。月を愛するのは月と自分が一つになることなのだ、と。

ただ、花や月と一つになるといっても我々にはなかなかわかりにくいかもしれません。そこで、これを親と子に置き換えて説明しています。

「親が子となり子が親となりここに始めて親子の愛情が起るのである。親が子となるが故に子の一利一害は己の利害のように感ぜられ、子が親となるが故に親の一喜一憂は己の一喜一憂の如くに感ぜられるのである。」

親が子供の気持ちと一つになり、子供が親の気持ちと一つになる。ここに初めて親子の愛情が起こる。これは皆さんにもわかりやすいのではないでしょうか。

母親というのは実にそうでありましょう。子供がお腹を空かしていると、自分もお腹が空いているように思う。子供がものを食べてお腹いっぱいになると、自分は食べなくてもお腹が満たされたように感じる。子供が悲しんでいると、自分が悲しんでいるように悲しくなる。この自他一如のところから本当の愛情が出てくるのです。親子の愛情が起こるのでしょう。

さらにこのように言います。

「我々が自己の私を棄てて純客観的すなわち無私となればなるほど愛は大きくなり深くなる。」

無になればなるほど、深い愛情、大きな愛情が湧いてくる。己を無にすればするほど、人のためにという気持ちがより大きく湧いてくるということです。

「親子夫妻の愛より朋友の愛に進み、朋友の愛より人類の愛にすすむ。仏陀の愛は禽獣草木にまで及んだのである。」

これが究極の愛の姿です。十牛図の八番目の世界を体験するからこそ、外の景色が皆、自己と同一に感じられるのです。自分が咲いているように、自分がそこに現れているように思えるのです。そこで初めて他人の痛みを我が痛みとして感じられるようになるわけです。

そして、そこから感じる愛情だけではなく、具体的な行動に働き始めるのです。それが最後の「入鄽垂手」の世界に繋がるのです。

●何も見返りを求めず、無目的の目的で働く

今度は西田先生と無二の親友でもあった鈴木大拙先生の言葉です。

我々は仏というとじっと坐っているように想像してしまいますが、大拙先生はそうではないと説かれています。

「仏はただじっと坐っているのでない。……慈悲は行動の原理であるから、けっして人をして閑坐せしめることはない。」（『東洋的な見方』岩波文庫より）

坐っているだけでなく行動をする。ただ静かに坐っているだけならば八番目の無の世界です。しかし、それで終わってはいけない。それが修行の目標ではないのです。

「四苦八苦の娑婆の真中へ飛び出て、堪え難きに堪え、忍び難きを忍び、刻苦精励して、人間のため、世界のため、何か大慈大悲底の仕事を行ずるのである。」

その世界を体験したならば、もう一度四苦八苦の娑婆の真っただ中に飛び出して、周り

の人たちと同じように困難に向き合いながらも刻苦精励して、世のため人のために仕事をする。大慈大悲の仕事を行じていく、働いていくということです。

「そうしてその行動は報いを求める行動でない、無目的の目的で働くのである。」

しかもその行動、その働きは決して何かの報いを求めるのではない。これだけのことをしてあげたならばこれだけの見返りがあるであろうというような報いを求めるものではない。無目的の目的で働くのである、と。

「これを無功用行（むくゆうぎょう）という。自由性の発動である。」

こうした働きを「無功用行」と言います。我々禅宗では「むこうようぎょう」と読まずに「むくゆうぎょう」という読み方をしています。

この無功用行が本当の自由だというのが大拙先生の「自由」の解釈です。東洋の自由は西洋のフリーダムとは概念が違うのです。フリーダムというのは何かの束縛を解かれるだけですが、自由というのは自らに拠（よ）るものです。

ただし、自らに拠るといっても自分のわがまま、好き勝手放題にしていいというのとは全く違います。自分自身を一度無にする、空にする。そこから自己と相手とが同一に感じられて、慈悲の心が働きとして出てくるのです。

実際に自分も多くの人たちと同じような苦しみを味わいながら、それでいて同時に仏の眼を持って見る。これが大事です。仏の眼がなければ、どうして自分がこんな目に遭うのだろうという悲嘆や不満を抱くだけで終わってしまいますが、もう一つ高いところから自分を見る仏の眼を持っていると、自分も何の功用も報いも求めずに無心に働いていくことができるようになります。

そしてその働きというものから、喜びや楽しみが出てくるのです。眉間に皺を寄せて耐え忍びながら「俺はこんなにやっているのに」と苦しみを滲ませるのではなくて、肩の力が抜けて無心に働きながら、それでいて周りの人たちに安らぎや穏やかさを与えてあげることができるようになる。「入鄽垂手」とは、こういう世界を目指しているのでありましょう。

●周りにいる人たちを明るくするような存在を目指す

十牛図の最後に申し上げたい大事なことがあります。ここまで一番の「尋牛」から十番の「入鄽垂手」まで人間としてのあるべき姿を順番に学んできました。繰り返し申し上げたように、人間の心には本来、仏心が備わっているのです。もとから本来性の素晴らしさがあります。だから、何も一から順番に長い歳月を隔ててようやく十に辿り着く必要はないのです。

本来の心の素晴らしさというのは空なるものですから、一瞬のうちに十番を実現する可能性をも持っています。長いこと禅堂にいて坐禅をしなければならないかというと、そういうものではありません。もちろん、坐禅はやってもらうに越したことはないのですが、それは坐禅によって本来性に気がつくというだけの話です。

修行の世界の欠点もあります。大変な修行をすればするほど、下手をすると「俺はこんな修行をした。修行しないお前たちにはわからないことがわかった」というようなものの見方になるからです。これでは自我増長になってしまいます。

私もおかげさまで、こうしていろんな方々にめぐり逢わせていただいていますが、長く修行の世界にいても、全く自分のことしか頭にないような、自我を離れられていない方もいらっしゃいます。逆に、坐禅を一回もしてなくても、「入鄽垂手」を体現しているような人たちもたくさんいらっしゃいます。

本来の心の素晴らしさというものを、皆、すでに具(そな)えているからこそ、一瞬のうちにいきなり十番を実現することができるのです。気がつきさえすれば、目覚めさえすれば、その場でそれを体現できるのです。我々は誰もがそういう心を持って生まれてきているのです。

そのことに目覚めるために、坐禅や瞑想で心を調え、心を落ち着かせる、あるいは様々な先賢の書物を学んで自覚をしていくのです。自分を目覚めさせていく道は、まさしくここにあるのではないかと思います。

最後に、相田みつをさんの「ただいるだけで」という詩をご紹介します。皆さん方の中にも「ああ、あの詩だな」と思い浮かぶ方が多いと思います。この詩に詠(うた)われている世界は、まさに空や慈悲の世界です。

あなたがそこに
ただいるだけで
その場の空気が
あかるくなる

あなたがそこに

ただいるだけで
みんなのこころが
やすらぐ

そんなあなたに
わたしもなりたい

『にんげんだもの』相田みつを著（文化出版局刊）©相田みつを美術館

一緒にお酒を酌み交わしていても、「ああ、あの人と一緒に一杯やっていると何か自然と周りが明るくなって、よぉし明日もう一回頑張っていこうという気持ちになるな」とか、「あの人と一緒にお茶をいただいているだけで明るい気持ちになって、よぉーし頑張っていこうという気持ちが湧いてくるな」という存在になっていくこと。自分本来の心に目覚めた私たちが目指すのはそこなのでありましょう。

十牛図

禅の修道の過程を、
牧人と牛との関係に擬えて示す

五、牧牛
六、騎牛帰家
七、忘牛存人
八、人牛俱忘
九、返本還源
十、入鄽垂手

〈著者紹介〉

横田南嶺（よこた・なんれい）

昭和39年和歌山県新宮市生まれ。62年筑波大学卒業。在学中に出家得度し、卒業と同時に京都建仁寺僧堂で修行。平成3年円覚寺僧堂で修行、足立大進管長に師事。11年、34歳の若さで円覚寺僧堂師家（修行僧を指導する力量を具えた禅匠）に就任。22年より臨済宗円覚寺派管長。29年12月花園大学総長に就任。著書に『自分を創る禅の教え』『禅が教える人生の大道』『人生を照らす禅の言葉』『禅の名僧に学ぶ生き方の知恵』、共著に『命ある限り歩き続ける』『生きる力になる禅語』（いずれも致知出版社）などがある。

十牛図（じゅうぎゅうず）に学ぶ
真の自己を尋ねて

令和二年八月二十五日第一刷発行
令和六年八月　五　日第三刷発行

著　者　横田　南嶺
発行者　藤尾　秀昭
発行所　致知出版社
〒150-0001 東京都渋谷区神宮前四の二十四の九
TEL（〇三）三七九六―二一一一
印刷・製本　中央精版印刷
落丁・乱丁はお取替え致します。　（検印廃止）

ISBN978-4-8009-1238-1 C0095

ホームページ　https://www.chichi.co.jp
Eメール　books@chichi.co.jp